21世纪会计专业主干课程教材

U0648545

"十二五"职业教育国家规划教材
经全国职业教育教材审定委员会审定

EXERCISES AND
TRAININGS FOR AUDITING

审计
习题与实训

第七版

胡中艾 主审

马琳英 主编

东北财经大学出版社　大连
Dongbei University of Finance & Economics Press

图书在版编目（CIP）数据

审计习题与实训/马琳英主编. —7版. —大连：东北财经大学出版社，
2024.3

（21世纪会计专业主干课程教材）
ISBN 978-7-5654-5137-9

Ⅰ．审… Ⅱ．马… Ⅲ．审计–高等职业教育–教材 Ⅳ．F239

中国国家版本馆 CIP 数据核字（2024）第 015313 号

东北财经大学出版社出版
（大连市黑石礁尖山街217号 邮政编码 116025）
网 址：http：//www.dufep.cn
读者信箱：dufep@dufe.edu.cn
大连市东晟印刷有限公司印刷 东北财经大学出版社发行
幅面尺寸：185mm×260mm 字数：244千字 印张：9.75 插页：1
2024年3月第7版 2024年3月第1次印刷
责任编辑：包利华 责任校对：刘贤恩
封面设计：原 皓 版式设计：原 皓

定价：28.00元

第七版前言

注册会计师行业是高端服务业中重要的专业服务类别。培养和储备高质量的审计专业人才，对于全面贯彻落实党的二十大精神以及服务国家建设、提高会计信息质量、推动审计工作高质量发展、促进注册会计师行业发展壮大等具有重要的意义。突出审计岗位职业能力培养要求，满足学生职业生涯的可持续发展需求，实现高等职业教育人才培养目标，融"教、学、做"为一体，是"十四五"职业教育国家规划教材《审计》（第七版）及其配套的《审计习题与实训》（第七版）共同协作以期达到的教学目标。在学生能够准确理解和掌握审计专业基础知识、掌握中国注册会计师执业准则、《中国注册会计师职业道德守则》、《企业内部控制应用指引》及《企业内部控制审计指引》主要内容的基础上，《审计习题与实训》（第七版）注重学生在财务报表审计业务中"怎么做"和"如何做"等研究、分析、判断、解决问题能力的培养，有助于审计课程教学的开展。

《审计习题与实训》（第七版）紧扣主教材内容，紧跟审计准则、会计准则变化，具有规范性和时效性，从专业知识、职业技能、职业价值观和道德及实务经历等方面全方位对学生予以职业启迪，拓宽审计职业思维判断；岗课赛证融通训练内容选择有的放矢，便于学生掌握学习重点和难点；题型设计涵盖判断题、单项选择题、多项选择题、简答题、实务题、编制审计工作底稿题，形式灵活多样，有利于学生巩固所学审计专业知识，并能将理论知识很好地融合到实操技能中，达到良好教学效果。同时，为了方便学生的学习，本书给出了各章岗课赛证融通训练参考答案。

本书不仅可供在校学生学习审计课程之用，也可以作为报考注册会计师、审计师资格考试的学员进行审计知识的学习和审计技能的实操训练的参考书。

本书由山西省财政税务专科学校会计学院副教授、太原理工大学会计学专业硕士生导师、注册会计师马琳英担任主编，负责组织编写工作，并拟定编写提纲和对全书总纂。各章具体分工如下：第1章至第5章、第7章至第10章由马琳英副教授编写；第6章、第11章由郑红梅副教授编写；第12章由胡珊讲师编写。全书由胡中艾教授主审。

本书在编写过程中参考了大量的相关文献，得到了审计界同仁和东北财经大学出版社的鼎力协助，值此再版之际，我们谨向各参考文献的作者，向对本书的编写和出版给予关心、支持和帮助的有关领导、同事以及审计界、出版界同仁致以诚挚的谢意。

由于编者学识有限，书中缺点和疏漏之处在所难免，恳请读者批评指正。

编　者
2024年3月

目　录

第1章

走进审计职业

本章在介绍审计产生的客观基础以及注册会计师审计的产生与发展基础上，全面系统阐述了审计的基本理论知识，包括：审计的定义、审计的特征、审计对象、审计的职能及作用、审计的分类、审计目标、审计工作过程等问题，旨在让学生了解和掌握走进审计职业应具备的基础理论知识，初步认识审计本质，明确审计作为高层次经济监督的本质特征。通过本章的学习，学生要了解注册会计师审计的产生与发展、理解审计的定义，明确审计的特征、职能及作用，了解审计的不同分类，掌握如何根据管理当局认定来确定审计目标，了解审计工作过程，为进一步学习后续内容奠定基础。

【本章岗课赛证融通训练】

一、判断题

1. 注册会计师审计最早起源于英国，在英国股份公司出现后得以形成，伴随着美国资本市场的发展而逐步完善起来。（　）

2. 审计主体的独立性，主要体现在组织独立、人员独立和工作独立三方面。（　）

3. 内部审计是指由部门、单位内部专职审计机构专职审计人员对本单位及所属单位财政财务收支、经济活动、内部控制、风险管理实施独立、客观的监督、评价和建议，以促进单位完善治理、实现目标的活动。（　）

4. 我国现行的财政、税务、银行等部门所从事的经济监督活动不属于审计监督。（　）

5. 经济责任审计的主要目的是分清经济责任人任职期间在本部门、本单位经济活动中应当负有的责任，为组织人事部门、纪检监察机关和其他有关部门考核使用干部或者兑现承包合同等提供参考依据。（　）

6. 注册会计师审计过程大致可分为三个阶段，包括计划阶段、实施阶段和终结

阶段。　　　　　　　　　　　　　　　　　　　　　　　　　　　（　　）

7.政府审计和民间审计都属于被审计单位以外的审计组织所进行的审计，统称外部审计。　　　　　　　　　　　　　　　　　　　　　　　　　（　　）

8.对于贪污挪用资财行为以及偷税、漏税等行为的审计，可以采用预告审计方式。
　　　　　　　　　　　　　　　　　　　　　　　　　　　　　　（　　）

9.就地审计可以深入实际进行调查研究，易于全面了解和掌握被审计单位的实际情况。　　　　　　　　　　　　　　　　　　　　　　　　　　　（　　）

10.审计组织虽然是专司经济监督的，但有时也参与被审计单位的经营管理。（　　）

11.认定是确定具体审计目标的基础。注册会计师通常将认定转化为能够通过审计程序予以实现的审计目标。　　　　　　　　　　　　　　　　　　　（　　）

12.如果没有发生销售交易，但在销售日记账中记录了一笔销售，则违反了"准确性"目标。　　　　　　　　　　　　　　　　　　　　　　　　　　（　　）

13.将他人寄售商品列入被审计单位的存货中，违反了义务目标；将不属于被审计单位的债务记入账内，违反了权利目标。　　　　　　　　　　　　　　（　　）

14.如果将本期交易推迟到下期，或将下期交易提前到本期，均违反了截止目标。
　　　　　　　　　　　　　　　　　　　　　　　　　　　　　　（　　）

15.我国政府审计机关实行的是双重领导制。地方各级审计机关对本级人民政府和上一级审计机关负责并报告工作，审计业务以上级审计机关领导为主。　　（　　）

二、单项选择题

1.审计产生的客观基础是（　　　）。

A.查错防弊　　　　　　　　　　　　B.提供审计信息

C.财产所有权与经营权的分离　　　　D.经济监督

2.审计的主体不包括（　　　）。

A.国家审计机关　　　　　　　　　　B.会计师事务所

C.内审机构　　　　　　　　　　　　D.国家税务部门

3.审计的客体是指（　　　）。

A.被审计单位　　　　　　　　　　　B.专职审计机构或人员

C.被审计单位的经济活动　　　　　　D.有关的法规和审计标准

4.在审计工作中，揭示审计对象的差错和弊端，属于审计的（　　　）。

A.促进作用　　　　B.防护作用　　　　C.证明作用　　　　D.宏观调控作用

5.按审计的范围分类，可以将审计分为（　　　）。

A.财政财务收支审计、财经法纪审计、经济效益审计和经济责任审计

B.政府审计、内部审计和民间审计

C.公共审计和企事业审计

D.全部审计、部分审计和专项审计

6.下列选项中不属于审计最基本的职能的是（　　　）。

A.经济咨询　　　　B.经济监督　　　　C.经济鉴证　　　　D.经济评价

7.（　　　）的审计对象是各级政府部门、国有企事业单位、金融机构的财政财务收支

经济活动。

 A.内部审计   B.民间审计   C.国家审计   D.市场监督管理部门

8.甲公司发生的下列事项中，涉及计价和分摊认定的是（ ）。

 A.向丙公司拆借的款项未列入账中

 B.将经营租入的设备列为企业的固定资产

 C.将应收M公司50万元货款记为100万元

 D.将预付账款列示于应付账款中

9.被审计单位已将固定资产抵押，但未在财务报表附注中披露，则违反的认定是（ ）。

 A.存在   B.完整性   C.计价和分摊 D.可理解性

10.注册会计师在审计中，最能体现风险导向审计特征的是（ ）。

 A.计划审计工作   B.实施风险评估程序

 C.实施控制测试和实质性程序   D.接受业务委托

11.按审计的内容和目的不同，审计可以分为（ ）。

 A.强制审计和任意审计

 B.财政财务收支审计、财经法纪审计、经济效益审计和经济责任审计

 C.预告审计和突击审计

 D.就地审计和报送审计

12.管理层在财务报表中的认定不包括（ ）。

 A.与所审计期间各类交易和事项相关的认定

 B.与期末账户余额相关的认定

 C.管理建议的认定

 D.与列报和披露相关的认定

13.注册会计师对所审计期间的各类交易和事项运用的认定不包括（ ）。

 A.发生   B.权利与义务

 C.准确性、截止   D.完整性

14.注册会计师对期末账户余额相关的认定不包括（ ）。

 A.存在   B.权利与义务

 C.分类   D.完整性、计价和分摊

15.审计实施阶段的工作内容不包括（ ）。

 A.进行控制测试、修订审计计划 B.接受业务委托

 C.实施实质性程序   D.检查和复核审计工作底稿

三、多项选择题

1.被审计单位管理层在资产负债表中列报存货及其金额，意味着作出了下列各项中（ ）的认定。

 A.记录的存货是存在的   B.存货以恰当的金额包括在财务报表中

 C.所有应当记录的存货均已记录 D.记录的存货都由被审计单位拥有

2.为了适应审计环境的变化而经历的三种审计模式是（ ）。

A.账项基础审计模式　　　　　　　　　　　B.制度基础审计模式

C.风险导向审计模式　　　　　　　　　　　D.供给导向审计模式

3.审计关系人是由（　　）组成。

A.审计人　　　　　B.被审计人　　　　　C.审计载体　　　　D.审计委托人

4.我国政府审计机关的权限主要包括（　　）。

A.监督检查权、采取临时强制措施权　　　　B.建议纠正处理权

C.通报或公布审计结果权　　　　　　　　　D.处理、处罚权

5.以下认定中，主要与财务报表组成要素的高估有关的有（　　）。

A.发生　　　　　　B.完整性　　　　　C.存在　　　　　D.分类和可理解性

6.18世纪英国注册会计师审计的主要特点是（　　）。

A.审计的目的是查错防弊，保护资产的安全和完整

B.审计的方法是详细审计

C.审计报告的使用人为企业股东和债权人

D.独立审计由任意审计转变为法定审计

7.目前，我国形成了包括（　　）的审计监督体系。

A.政府审计　　　　　B.事后审计　　　　C.内部审计　　　　D.民间审计

8.注册会计师在对财务报表进行审计时，一般情况下，更应关注完整性认定的项目有（　　）。

A.预付账款　　　　　B.短期借款　　　　C.应付账款　　　　D.管理费用

9.具体审计目标一般包括（　　）。

A.与期末账户余额相关的审计目标　　　　　B.各类交易和事项相关的审计目标

C.与列报相关的审计目标　　　　　　　　　D.总体合理性与其他审计目标

10.审计工作过程中计划阶段包括（　　）工作。

A.接受业务委托　　　　　　　　　　　　　B.实施重大错报风险评估程序

C.计划审计工作　　　　　　　　　　　　　D.控制测试

四、简答题

1.什么是审计？审计的本质特征有哪些？

2.审计的独立性主要表现在哪些方面？

3.审计的对象包括哪些内容？

4.审计具有哪些职能？

5.注册会计师审计的产生与发展经历了哪几个阶段？每个阶段的特点有哪些？

6.什么是认定？认定主要包括哪些内容？

7.注册会计师如何根据认定来确定具体审计目标？

8.如何按审计主体的不同对审计进行分类？

9.如何按审计对象的不同对审计进行分类？

10.如何按审计客观条件的不同对审计进行分类？

11.我国政府审计机关的职责与权限主要有哪些？

12.我国内部审计机构的职责与权限主要有哪些？

13.审计过程分为几个阶段？每个阶段的工作内容有哪些？

五、实务题

1.甲注册会计师负责对 A 公司2023年度财务报表实施审计。甲注册会计师在审计工作底稿中记录了所了解的 A 公司及其环境，部分内容摘录见表1-1。

表1-1　　　　　　　　　　　　审计工作底稿内容摘录

情况	具体说明	相关的财务报表项目	对应的认定
1	没有计提办公大楼的折旧		
2	没有计提生产设备的折旧		
3	没有计提办公设备的减值准备		
4	存货项目没有包括在产品		
5	产成品没有计提跌价准备		
6	原材料跌价准备计提不足		

要求：单独针对上述每一种情况，指出是否直接导致 A 公司存在重大错报风险；如认为直接导致重大错报风险，进一步指出直接导致财务报表的哪些项目的哪个认定的重大错报风险，将答案直接填入表内相应的空格中。

2.甲注册会计师通常依据认定确定具体审计目标，进而设计有针对性的进一步审计程序。表1-2列示了 X 公司应收账款的相关认定。

表1-2　　　　X公司应收账款的相关认定、审计目标和进一步审计程序

认定	具体审计目标	进一步审计程序
存在		
权利和义务		
完整性		
计价和分摊		

要求：针对 X 公司应收账款的相关认定，指出甲注册会计师所应确定的具体审计目标以及对应的进一步审计程序。将答案直接填入表1-2中相应的空格中。

3.诚信会计师事务所接受委托，承接 A 公司2023年度财务报表审计业务。甲注册会计师负责确定与交易类别、账户余额、列报和披露相关的实质性程序。

要求：针对表1-3中列示发现的A公司存在的问题，请代甲注册会计师列示出这些问题违反的认定。

表1-3　　　　　　　　　　A公司存在的问题及违反的认定

A公司存在的问题	违反的认定
记录一笔不曾发生的销售收入	
将他人寄售商品列入A公司的存货中	
销售明细账和总账中未记录已发生的一笔销售收入	
某一笔销售交易发出商品的数量与账单上的数量不符	
将次年1月初发货的一笔销售收入计入本期	
将1年内到期的负债列为长期负债	
将出售经营性固定资产所得的收入记录为营业收入	

4.乙注册会计师对X公司2023年度的主营业务收入实施了表1-4中所列的各项审计程序。

表1-4　　　　　　　　　实施的审计程序与可实现的审计目标

实施的审计程序	可实现的审计目标
获取主营业务收入明细表，复核加计是否正确，并与总账数和明细账合计数核对是否相符	
对销售进行截止测试	
检查主营业务收入的列报是否恰当	

要求：请根据乙注册会计师实施的审计程序，填写表1-4中可实现的审计目标。

第 2 章

熟知执业准则

【学习目的与要求】

注册会计师执业准则体系由注册会计师职业道德守则统御。执业准则包括注册会计师业务准则和会计师事务所质量控制准则。注册会计师业务准则包括鉴证业务准则和相关服务准则。鉴证业务准则分为审计准则、审阅准则和其他鉴证业务准则。其中，审计准则是整个执业准则体系的核心。

通过本章学习，旨在明确注册会计师应具备的职业道德和应承担的法律责任，熟悉注册会计师执业准则体系的基本框架和相关内容，掌握中国注册会计师鉴证业务的定义和要素。

【本章岗课赛证融通训练】

一、判断题

1. 独资会计师事务所是指由具有注册会计师执业资格的个人独立开设，并承担有限责任的会计师事务所。　　　　　　　　　　　　　　　　　　　　　　　（　　）

2. 有限责任公司会计师事务所的优点是，可以通过公司制形式迅速聚集一批注册会计师，建立规模型大所，承办大型业务。　　　　　　　　　　　　　　　（　　）

3. 成为会计师事务所合伙人不需要持有注册会计师证书。　　　　　　（　　）

4. 中国注册会计师职业道德守则只规定了注册会计师职业道德基本原则。（　　）

5. 注册会计师可以利用因职业关系和商业关系而获知的涉密信息为自己或第三方谋取利益。　　　　　　　　　　　　　　　　　　　　　　　　　　　　（　　）

6. 审计署发布并实施了《中国注册会计师鉴证业务基本准则》。　　（　　）

7. 实质上的独立性要求注册会计师在提出结论时不受有损于职业判断的因素影响，能够诚信行事，遵循客观和公正原则，保持职业怀疑态度。　　　　　　　（　　）

8. 鉴证业务的三方关系人是指注册会计师、责任方和预期使用者。　（　　）

9. 标准可以是正式的规定，也可以是某些非正式的规定。（　　）

10. 特殊普通合伙会计师事务所是指事务所以全部资产对其债务承担责任，各合伙人只对个人执业行为承担有限责任的合伙组织。（　　）

11. 我国允许设立有限责任会计师事务所和特殊普通合伙会计师事务所两种形式。（　　）

12. 即使法律法规允许披露，并且取得客户或工作单位的授权，注册会计师也不可以披露涉密信息。（　　）

13. 普通过失，通常是指没有保持职业上应有的职业谨慎；对注册会计师而言，则是指根本没有遵循专业准则的要求。（　　）

14. 注册会计师执业准则体系受注册会计师职业道德守则统御，包括注册会计师业务准则和会计师事务所质量控制准则。（　　）

15. 重大过失，通常是指连起码的职业谨慎都没有保持；对注册会计师而言，则是指根本没有遵循专业准则的要求或没有按照专业准则的基本要求执行审计。（　　）

二、单项选择题

1. 鉴证业务的用户是（　　）。

A. 注册会计师　　　　B. 预期使用者　　　　C. 管理者　　　　D. 债权人

2. 在审计客户与第三方发生诉讼或纠纷时，注册会计师担任该客户的辩护人，属于（　　）。

A. 自身利益　　　　B. 自我评价　　　　C. 过度推介　　　　D. 外在压力

3. （　　）属于其他鉴证业务。

A. 内部控制鉴证　　　　B. 管理咨询　　　　C. 审计业务　　　　D. 审阅业务

4. （　　）是用以规范注册会计师在执行各类业务时应当遵守的质量控制政策和程序，是对会计师事务所质量控制提出的制度要求。

A. 审计准则　　　　　　　　　　　B. 会计师事务所质量控制准则

C. 审阅准则　　　　　　　　　　　D. 其他鉴证业务准则

5. 鉴证业务的基础是独立性和专业性，通常由具备专业胜任能力和独立性的（　　）来执行。

A. 投资人　　　　B. 债权人　　　　C. 预期使用者　　　　D. 注册会计师

6. 尽管在审计过程中，注册会计师可能向被审计单位管理层和治理层提出调整建议，甚至在不违反独立性的前提下为管理层编制财务报表提供协助，但（　　）应对编制财务报表承担责任，并通过签署财务报表确认这一责任。

A. 财政部门　　　　B. 治理层　　　　C. 管理层　　　　D. 预期使用者

7. 在注册会计师的审计过失中，最主要的是由于缺乏（　　）而引起的。

A. 法律专业人员帮助　　　　　　　B. 应有的职业谨慎

C. 财政部门的支持　　　　　　　　D. 审计经费

8. 鉴证对象信息是按照（　　）对鉴证对象进行评价和计量的结果。

A. 标准　　　　B. 说明文件　　　　C. 关键指标　　　　D. 财务报表

9. 会计师事务所的鉴证业务中，保证程度最高的是（　　）。

A.审计业务　　　　　　　　　　　　　B.审阅业务

C.其他鉴证业务　　　　　　　　　　　D.对财务信息执行商定程序

10.注册会计师鉴证业务准则不包括（　　　）。

A.鉴证业务基本准则　　　　　　　　　B.相关服务准则

C.其他鉴证业务准则　　　　　　　　　D.审计准则

11.盈利预测审核业务适用于（　　　）准则。

A.审计准则　　　　　　　　　　　　　B.审阅准则

C.其他鉴证业务准则　　　　　　　　　D.相关服务准则

12.（　　　）是用以规范注册会计师在执行鉴证业务时应当遵守的技术要求。

A.会计师事务所质量控制准则

B.鉴证业务准则

C.注册会计师职业道德守则

D.相关服务准则

13.会计师事务所违反了与客户订立的保密协议，应就其（　　　）行为承担法律责任。

A.重大过失　　　　　　　　　　　　　B.违约

C.普通过失　　　　　　　　　　　　　D.欺诈

14.明知委托单位的财务报表有重大错报，却加以虚伪的陈述，出具无保留意见的审计报告。注册会计师应就其（　　　）行为承担法律责任。

A.欺诈　　　　　　　　　　　　　　　B.违约

C.普通过失　　　　　　　　　　　　　D.重大过失

15.在确定鉴定业务是基于责任方认定的业务还是直接报告业务时，注册会计师应当考虑的因素是（　　　）。

A.提供的保证程度是合理保证还是有限保证

B.提出鉴证报告的形式是书面报告还是口头报告

C.提出结论的方式是积极方式还是消极方式

D.鉴证对象信息是否以责任方认定的形式为预期使用者获取

16.下列关于财务报表审计和财务报表审阅的区别的说法中，错误的是（　　　）。

A.财务报表审计所需的审计证据的数量多于财务报表审阅

B.财务报表审计采用的证据收集程序少于财务报表审阅

C.财务报表审计提供的保证水平高于财务报表审阅

D.财务报表审计提出结论的方式与财务报表审阅不同

三、多项选择题

1.标准的特征包括（　　　）。

A.相关性　　　　　　　　　　　　　　B.完整性

C.可靠性　　　　　　　　　　　　　　D.中立性、可理解性

2.鉴证业务按照提供的保证程度和鉴证对象的不同分为（　　　）。

A.审计业务　　　　　　　　　　　　　B.审阅业务

C.其他鉴证业务　　　　　　　　　　　D.企业管理咨询

3.中国注册会计师协会会员职业道德守则规定，独立性包括（　　）。

A.精神上的独立性　　　　　　　　　B.形式上的独立性

C.实质上的独立性　　　　　　　　　D.经济上的独立性

4.专业胜任能力可分为（　　）两个独立的阶段。

A.专业胜任能力的获取　　　　　　　B.后续教育

C.专业胜任能力的保持　　　　　　　D.职业教育

5.对注册会计师遵循职业道德基本原则的不利影响可能产生于各种情形和关系。这些不利影响可以归纳为（　　）导致的不利影响。

A.自身利益　　　　　　　　　　　　B.自我评价

C.过度推介　　　　　　　　　　　　D.密切关系、外在压力

6.自身利益导致不利影响的情形主要包括（　　）。

A.鉴证业务项目组成员在鉴证客户中拥有直接经济利益

B.会计师事务所过分依赖向某一客户的收费

C.鉴证业务项目组成员与鉴证客户存在重要且密切的商业关系

D.会计师事务所与客户就鉴证业务达成或有收费的协议

7.外在压力导致不利影响的情形主要包括（　　）。

A.会计师事务所受到客户解除业务关系的威胁、客户威胁将起诉会计师事务所

B.审计客户表示，如果会计师事务所不同意其对某项交易的会计处理，审计客户将不再委托其承办协议中的非鉴证业务

C.会计师事务所受到降低收费的影响而不恰当地缩小工作范围

D.会计师事务所合伙人告知注册会计师，除非同意审计客户不恰当的会计处理，否则将影响晋升

8.注册会计师因违约、过失或欺诈给被审计单位或其他利害关系人造成损失的，按照有关法律规定，可能被判承担（　　）。

A.行政责任　　　　　B.民事责任　　　　　C.刑事责任　　　　　D.保密责任

9.《中国注册会计师鉴证业务基本准则》规定鉴证业务要素包括（　　）。

A.鉴证业务的三方关系　　　　　　　B.鉴证对象

C.标准　　　　　　　　　　　　　　D.证据、鉴证报告

10.会计师事务所业务范围中的相关服务有（　　）。

A.对财务信息执行商定程序　　　　　B.代编财务信息

C.税务服务　　　　　　　　　　　　D.管理咨询以及会计服务

11.会计师事务所的其他鉴证业务有（　　）。

A.系统鉴证　　　　　　　　　　　　B.预测性财务信息审核

C.内部控制鉴证　　　　　　　　　　D.代编财务信息

12.注册会计师职业道德基本原则包括（　　）

A.诚信、独立性　　　　　　　　　　B.客观和公正

C.专业胜任能力和应有的关注　　　　D.保密以及良好职业行为

四、简答题

1. 注册会计师职业道德规范的内容有哪些?

2. 注册会计师职业道德基本原则包括的内容有哪些?

3. 可能对注册会计师遵循职业道德基本原则产生不利影响的因素有哪些?

4. 对注册会计师违反职业道德基本原则的防范措施有哪些?

5. 注册会计师执业准则体系的内容有哪些?

6. 《中国注册会计师鉴证业务基本准则》的内容有哪些?

7. 中国注册会计师鉴证业务要素有哪些?

8. 被审计单位管理层和治理层的责任各是什么?

9. 注册会计师法律责任的认定有哪些?

10. 注册会计师避免法律诉讼的具体措施有哪些?

五、实务题

1.ABC会计师事务所接受甲公司的委托,对其2023年度财务报表进行审计,并指派A注册会计师担任项目负责人。假定:

(1) 项目组成员B的父亲与甲公司签订了一项合作协议,约定自2023年4月起加盟甲公司产品专卖店。

(2) 项目组成员C于2023年5月将其自有住房出租给房屋中介公司,后者转租给甲公司财务经理李某,李经理按季向C注册会计师交房租。

(3) 项目组成员D的孩子2023年年初担任甲公司董事会的秘书,但已于2023年11月份辞职。

(4) 2023年7月,为购置办公用房,ABC会计师事务所请甲公司担保,从某银行取得了800万元的长期借款。

要求:根据以上情况,逐项指出是否对独立性产生不利影响;如认为产生不利影响,请简要说明理由。

2.ABC会计师事务所接受委托,负责审计甲公司2023年度财务报表,并委派A注册会计师为审计项目组负责人。在审计过程中,ABC会计师事务所遇到下列事项:

(1) 签订审计业务约定书时,ABC会计师事务所根据有关部门的要求,与甲公司商定按六折收取审计费用,据此,审计项目组计划相应缩小审计范围,并就此事与甲公司治理层达成一致意见。

(2) 签订审计业务约定书后,ABC会计师事务所发现甲公司与本会计师事务所的另一常年审计客户丁公司存在直接竞争关系。ABC会计师事务所未将这一情况告知甲公司和丁公司。

(3) 审计过程中,A注册会计师应甲公司要求协助制定公司财务战略。

要求:针对上述(1)至(3)项,分别指出ABC会计师事务所是否违反中国注册会计师职业道德守则,并简要说明理由。

3.下列为ABC会计师事务所应对可能对注册会计师遵守职业道德守则产生不利影响的防范措施:

(1) 领导层强调遵循职业道德基本原则的重要性。

（2）制定有关政策和程序，识别对职业道德基本原则的不利影响，评价不利影响的严重程度，采取防范措施消除不利影响或将其降低至可接受的水平。

（3）由未涉及非鉴证业务的注册会计师复核已执行的非鉴证业务，或在必要时提供建议。

（4）向合伙人和专业人员提供鉴证客户及其关联实体的名单，并要求合伙人和专业人员与之保持独立。

（5）轮换鉴证业务项目组合伙人和高级员工。

（6）建立惩戒机制，保障相关政策和程序得到遵守。

（7）由鉴证业务项目以外的注册会计师复核已执行的鉴证业务，或在必要时提供建议。

（8）向客户治理层说明提供服务的性质和收费的范围。

要求：请问哪些属于会计师事务所层面的防范措施？哪些属于具体业务层面的防范措施？

4. A注册会计师接受甲公司的委托，对该公司管理层编制的下属子公司乙公司IT系统运行有效性的评价报告进行鉴证，甲公司拟将该评价报告提交给其他预期使用者。

要求：

（1）请指出该项鉴证业务属于表2-1中的何种业务类型。

表2-1   鉴证业务类型判断

序号	业务类型	回答"是"或"否"
1	基于责任方认定的业务	
	直接报告业务	
2	历史财务信息鉴证业务	
	其他鉴证业务	

（2）简要说明甲公司管理层、乙公司管理层和A注册会计师各自的责任。

第3章

承接审计业务

【学习目的与要求】

接受或者保持客户关系和具体审计业务是注册会计师开展审计业务活动的第一个环节，也是防范业务风险的重要环节。本章主要学习注册会计师在确定是否接受或保持审计业务时，需要开展的初步业务活动，以及就业务约定条款与被审计单位达成一致理解。通过本章学习，要求学生明确初步业务活动的目的，理解初步业务活动的内容、审计的前提条件和审计业务约定书的基本内容。在本章知识学习基础上，学生能够明确初步业务活动的目的、内容、审计的前提条件和签订审计业务约定书之间的关系，掌握审计业务约定书的编制技术和方法。

【本章岗课赛证融通训练】

一、判断题

1.注册会计师审计是受托审计，对于会计师事务所来讲，为了生存和发展，他们必须拥有一定数量的客户群。因此，凡有委托，会计师事务所一定要承接业务。（　　）

2.初步业务活动主要是通过对被审计单位的情况和注册会计师自身的情况进行了解和评估，确定是否接受或保持审计业务。这是控制审计风险的第一道屏障。（　　）

3.注册会计师在签订业务约定书之后、计划审计工作之前，需要开展初步业务活动。（　　）

4.无论是连续审计还是首次接受审计委托，注册会计师都应当考虑被审计单位的主要股东、关键管理人员和治理层是否诚信。（　　）

5.评价遵守职业道德规范的情况，主要是要求注册会计师应保持专业胜任能力，拥有执行审计业务的专业知识和实践技能。（　　）

6.管理层对注册会计师执行审计工作的前提的认同是指管理层认可并理解其应承担的责任。（　　）

7. 就审计准则而言，适用的财务报告编制基础为注册会计师提供了用以审计财务报表的标准，这里适用的财务报告编制基础就是指我国财政部颁布的企业会计准则。（　　）

8. 如果审计的前提条件不存在，只要注册会计师就此与管理层进行了沟通，会计师事务所就可以承接该审计业务。（　　）

9. 审计业务约定书是一份合同文书，具有法律约束力，一旦约定双方签字认可，双方都要遵守；任何一方违约都要追究责任。（　　）

10. 无论是连续审计还是首次接受委托，会计师事务所都要与被审计单位签订新的审计业务约定书，以明确双方责任、保护双方合法权益。（　　）

11. 审计业务的委托人可能是被审计单位，也可能不是被审计单位，但不管是什么情况，审计业务约定书都是由委托人与审计组织共同签订的。（　　）

12. 审计业务约定书，既可采用书面形式，也可采用口头形式。（　　）

13. 在完成审计业务前，如果注册会计师认为变更审计业务合理，可以与被审计单位协商修改业务约定，并根据修改后的约定条款出具报告；如果注册会计师认为变更审计业务不合理，不应当同意变更业务。（　　）

14. 在签订审计业务约定书后，与被审计单位如果还存在对业务约定条款的误解，表明初步业务活动没有达到目的。（　　）

15. 一般来说，注册会计师在首次接受被审计单位委托时应签订审计业务约定书，在连续审计时应修改审计业务约定书。（　　）

16. 签订审计业务约定书的目的主要是增进注册会计师与委托人之间的相互了解，使审计工作顺利地开展。（　　）

二、单项选择题

1. （　　）主要是对被审计单位的情况和注册会计师自身的能力进行了解和评估，确定是否接受或保持审计业务，是控制审计风险的第一道屏障。

A. 初步业务活动　　　　　　　　B. 风险识别
C. 风险评估　　　　　　　　　　D. 风险应对

2. 注册会计师应当在审计业务开始时开展初步业务活动。下列各项中，不属于初步业务活动的是（　　）。

A. 评价遵守相关职业道德要求的情况
B. 在执行首次审计业务时，查阅前任注册会计师的审计工作底稿
C. 针对保持客户关系和具体审计业务实施相应的质量控制程序
D. 就审计业务约定条款与被审计单位达成一致意见

3. 下列各项中，不属于初步业务活动的目的的是（　　）。

A. 不存在因管理层诚信问题而可能影响保持该项业务的意愿的事项
B. 关于审计业务约定条款，注册会计师与被审计单位之间不存在误解
C. 注册会计师了解某项控制活动，预期控制运行无效，拟不进行控制测试
D. 注册会计师已具备执行业务所需要的独立性和专业胜任能力

4. 在财务报表审计中，下列关于管理层责任的说法中，不恰当的是（　　）。

A. 管理层应当允许注册会计师能够接触与编制财务报表相关的所有信息，并提供审

　计所需要的其他信息

B.设计、执行和维护与财务报表相关的必要的内部控制，属于管理层的责任

C.如果管理层不认可其对编制财务报表的责任，注册会计师可能考虑出具非无保留意见的审计报告

D.按照适用的财务报告编制基础编制财务报表并使其实现公允反映，属于管理层的责任

5.下列关于审计的前提条件的说法，正确的是（　　　）。

A.审计的前提条件是管理层在编制财务报表时采用可接受的财务报告编制基础，以及管理层对注册会计师执行审计工作的前提的认同

B.审计的前提条件是管理层认可并理解其对财务报表承担的责任

C.审计的前提条件是管理层在编制财务报表时采用可接受的财务报告编制基础

D.审计的前提条件是管理层对注册会计师执行审计工作的前提的认同

6.下列关于执行审计工作的前提的说法，正确的是（　　　）。

A.执行审计工作的前提是指管理层允许注册会计师接触与编制财务报表相关的所有信息，包括财务信息和非财务信息

B.执行审计工作的前提是指管理层在编制财务报表时采用可接受的财务报告编制基础，并使其在所有重大方面实现公允反映

C.执行审计工作的前提是指管理层对注册会计师执行审计工作的前提的认同

D.执行审计工作的前提是指管理层认可并理解其对财务报表的责任

7.下列对审计业务约定书的说法，不正确的是（　　　）。

A.审计业务约定书是由被审计单位与审计组织共同签订，但也存在委托人与被审计人不是同一方的情况

B.审计业务约定书是一份经济合同文书，具有法定约束力，双方都要遵守

C.审计业务约定书确认了二者的委托与受托关系

D.审计业务约定书既可以采用书面形式，也可以采用口头形式

8.以下关于审计业务约定书的表述，不正确的是（　　　）。

A.审计业务约定书是指会计师事务所与被审计单位签订的，用以记录和确认审计业务的委托与受托关系、审计目标和范围、双方的责任以及报告的格式等事项的书面协议

B.审计业务约定书是注册会计师在承接审计业务约定时形成的审计工作底稿，不具有法律效力

C.如果会计师事务所首次接受业务委托，审计业务约定书还应当涉及期初余额的审计责任和如何与前任注册会计师联系等事项

D.签订审计业务约定书之前，注册会计师不仅应当了解被审计单位主要管理人员的诚信，也要对自身的胜任能力和独立性进行评价

9.在审计业务约定书中注册会计师所负的审计责任不包括（　　　）。

A审计组织要按审计准则要求审计，出具审计报告

B.对审计后的财务报告信息提供高水平保证（合理保证）

C.按规定时间出具审计报告

D.保证财务报表的合法性和公允性

10.下列关于审计业务约定条款变更的说法，不恰当的是（　　　）。

A.在财务报表审计中，注册会计师根据管理层的要求考虑如何变更审计业务约定书

B.在完成审计业务前，如果被审计单位要求将审计业务变更为保证程度较低的业务，注册会计师应当确定是否存在合理理由予以变更

C.如果注册会计师不同意变更审计业务约定条款，而管理层又不允许继续执行原审计业务，注册会计师应当在适用的法律法规允许的情况下，解除审计业务约定，同时确定是否有约定义务或其他义务向治理层、所有者或监管机构等报告该事项

D.在完成审计业务前，如果被审计单位要求变更业务约定条款，注册会计师应当先与管理层就新的业务约定条款达成一致意见，在缺乏合理理由的情况下，注册会计师不应同意变更审计业务约定条款

11.如果母公司的注册会计师同时也是组成部分的注册会计师，在决定是否向组成部分单独致送审计业务约定书时，不需要考虑的因素是（　　　）。

A.组成部分注册会计师的委托人

B.是否对组成部分单独出具审计报告

C.组成部分管理层相对于母公司的独立程度

D.组成部分占母公司的所有权份额

12.导致注册会计师修改审计业务约定条款或提醒被审计单位注意现有的业务约定条款的因素不包括（　　　）。

A.有迹象表明被审计单位误解审计目标和范围

B.需要修改约定条款或增加特别条款

C.被审计单位高级管理人员近期发生变动

D.被审计单位业务的性质或规模没有发生重大变化

三、多项选择题

1.关于实施初步业务活动的事项，下列说法恰当的有（　　　）。

A.就审计业务约定条款与审计客户达成一致意见，属于初步业务活动

B.评价注册会计师遵守职业道德要求的情况，属于初步业务活动

C.了解内部控制属于初步业务活动

D.实施审计准则要求的针对保持客户关系和具体审计业务的质量控制程序，属于初步业务活动

2.下列选项中，属于初步业务活动的有（　　　）。

A.针对保持客户关系和具体审计业务实施相应的质量控制程序

B.评价遵守相关职业道德要求的情况

C.在执行首次审计业务时，查阅前任注册会计师的审计工作底稿

D.就审计业务约定条款与被审计单位达成一致意见

3.注册会计师开展初步业务活动应实现的目的主要有（　　　）。

A.确保注册会计师已具备执行业务所需要的独立性

B.确保注册会计师已具备执行业务所需要的专业胜任能力

C.不存在因管理层诚信问题而影响注册会计师保持该项业务意愿的情况

D.与被审计单位不存在对业务约定条款的误解

4.在连续审计的情况下，为确定保持客户关系和具体审计业务的结论是恰当的，注册会计师应当考虑（　　）。

A.本期或前期审计中发现的重大事项及其对保持客户关系的影响

B.被审计单位的主要股东、关键管理人员和治理层是否诚信

C.项目组是否具备执行审计业务的专业胜任能力以及必要的时间和资源

D.会计师事务所和项目组能否遵守职业道德规范

5.为确定审计的前提条件是否存在，下列各项中，注册会计师应当执行的工作有（　　）。

A.确定被审计单位是否存在违反法律法规行为

B.确定被审计单位的内部控制是否有效

C.确定管理层在编制财务报表时采用的财务报告编制基础是否是可接受的

D.确定管理层是否认可并理解其与财务报表相关的责任

6.下列因素中，注册会计师在确定财务报告编制基础的可接受性时，需要考虑的有（　　）。

A.被审计单位的性质

B.财务报表的目的

C.法律法规是否规定了适用的财务报告编制基础

D.财务报表的性质

7.为了确定审计的前提条件是否存在，注册会计师应当就管理层认可并理解其责任与管理层达成一致意见。下列有关管理层责任的说法中，正确的有（　　）。

A.管理层应当按照适用的财务报告编制基础编制财务报表，并使其实现公允反映

B.管理层应当设计、执行和维护必要的内部控制，以使财务报表不存在由于舞弊或错误导致的重大错报

C.管理层应当向注册会计师提供必要的工作条件，包括允许注册会计师接触与编制财务报表相关的所有信息

D.管理层应当允许注册会计师在获取审计证据时不受限制地接触其认为必要的内部人员和其他相关人员

8.审计业务约定书的具体内容包括（　　）。

A.财务报表审计的目标

B.管理层对财务报表的责任

C.指出用于编制财务报表的财务报告编制基础

D.注册会计师的责任

9.在审计业务约定书中，注册会计师的审计责任包括（　　）。

A.审计组织要按审计准则要求审计，出具审计报告

B.对审计后的财务报告信息提供高水平保证（合理保证）

C.按规定时间出具审计报告

D.保守在执行审计业务时所获悉的商业秘密

10.在注册会计师完成审计业务前，被审计单位提出将审计业务变更为保证程度较低的业务。下列各项变更理由中，注册会计师通常认为合理的有（　　）。

A. 环境变化对审计服务的需求产生影响

B. 对原来要求的审计业务的性质存在误解

C. 管理层对审计范围施加限制

D. 由于超出被审计单位控制的情形导致审计范围受到限制

11.如果情况需要，注册会计师还应当考虑在审计业务约定书中（　　）。

A. 详细说明审计工作的范围，包括提及适用的法律法规、审计准则，以及注册会计师协会发布的职业道德守则和其他公告

B. 列明对审计业务结果的其他沟通形式

C. 说明由于审计和内部控制的固有限制，即使审计工作按照审计准则的规定得到恰当的计划和执行，仍不可避免地存在某些重大错报未被发现的风险

D. 列明管理层确认将提供书面声明

四、简答题

1. 注册会计师开展初步业务活动的目的是什么？

2. 初步业务活动包括哪些内容？

3. 审计的前提条件是什么？

4. 注册会计师针对保持客户关系和具体审计业务实施质量控制程序应考虑哪些事项？

5. 在确定编制财务报表所采用的财务报告编制基础的可接受性时，注册会计师需要考虑哪些相关因素？

6. 什么是审计业务约定书？对其应从哪些方面理解？

7. 审计业务约定书包括哪些内容？

8. 哪些因素可能导致注册会计师修改审计业务约定书或提醒被审计单位注意现有的业务约定条款？

9. 审计业务约定条款变更的合理理由是什么？

10. 审计业务约定书中应当明确的会计师事务所的责任有哪些？

五、实务题

1.ABC会计师事务所接受委托，对甲公司2023年度财务报表进行审计，并委派注册会计师郑红为项目负责人。在接受委托后，注册会计师郑红发现甲公司业务流程采用计算机信息系统控制，审计项目组成员均缺少这方面的专业技能。注册会计师郑红了解到某软件公司王先生曾参与甲公司计算机信息系统的设计工作，因此聘请王先生加入审计项目组，测试该系统并出具测试报告。

要求：指出ABC会计师事务所在初步业务活动中存在的问题，并简要说明理由。

2.注册会计师刘楠是ABC会计师事务所的合伙人之一，业务专长是对制造业进行财务报表审计。注册会计师刘楠于2024年1月16日接到妻子的电话，说她弟弟开办的新飞高科技公司拟委托会计师事务所审计2023年度的财务报表，正在寻找合适的会计师事务所，希望刘楠能够承接对该公司财务报表的审计。注册会计师刘楠觉得，一方面受妻弟所托，另一方面也是一个开拓新客户的机会，于是爽快地答应了，并于2024年1月19日亲

自带领审计小组到新飞高科技公司实施审计。新飞高科技公司属于民营企业，主营计算机软件开发，兼营计算机硬件、配件销售等，开业 5 年来业务发展态势很好，但从没有接受过注册会计师审计。

要求：注册会计师刘楠承接此项业务是否合适？为什么？

3.诚信会计师事务所今年新入职的 A、B、C 三位审计人员对于审计业务约定书的理解有以下的看法：

A 认为：关于注册会计师不受限制地接触任何与审计有关的文件、记录等信息；被审计单位管理层对其作出的与审计有关的声明予以书面确认；违约责任、解决争议的办法以及审计收费的计算基础和收费安排。这些审计业务约定书的内容需要签约双方共同商定。

B 认为：审计业务约定书的具体内容可能因被审计单位的不同而不同，财务报表审计的目标与范围、管理层与注册会计师的责任、用于编制财务报表所使用的财务报告编制基础、收费的计算基础和收费安排，属于应当包括的基本内容。

C 认为：在完成审计业务前，被审计单位提出将审计业务变更为保证程度较低的业务，合理理由只能是：环境变化对审计服务的需求产生影响；对原来要求的审计业务的性质存在误解；管理层对审计范围施加限制。

要求：A、B、C 三位审计人员对于审计业务约定书的理解是否妥当？

4.ABC 会计师事务所决定承接丙公司 2023 年度财务报表审计业务，在与丙公司签订 2023 年度财务报表审计业务约定书时，关于丙公司应承担的责任，丙公司管理层认为：

（1）财务报表的合法性与公允性应当由 ABC 会计师事务所审计人员负责，审计人员应当将财务报表中的所有重大错报予以发现并更正；

（2）内部控制的设计与执行是自己的事情，与财务报表审计业务无关；

（3）审计人员只能获取 2023 年度财务报表的会计资料，只与财务人员接触，审计过程中不得干扰其他部门人员工作。

要求：丙公司管理层的看法正确吗？

第4章

制订审计计划

第4章

【学习目的与要求】

本章主要学习审计理论体系中的重要问题：重要性、审计风险和审计计划。注册会计师首先是在审计计划阶段确定重要性水平，以确定审计风险水平，在此基础上开展对重大错报风险的评估，以确定可接受的检查风险，进而制定出审计项目的总体审计策略和具体审计计划。通过本章的学习，学生要掌握确定计划的重要性水平时应考虑的因素，掌握重要性水平的确定方法；掌握形成审计结论阶段对重要性的考虑问题；掌握审计风险的组成及模型公式，了解重大错报风险和检查风险两者之间的关系；熟悉总体审计策略和具体审计计划的内容及编制方法。

【本章岗课赛证融通训练】

一、判断题

1. 具体审计计划的内容包括：风险评估程序、计划实施的进一步审计程序和其他审计程序。　　　　　　　　　　　　　　　　　　　　　　　　　　　　（　　）

2. 重要性概念是针对财务报表编制者的信息需求而言的。　　　　　（　　）

3. 重要性与审计风险之间存在正向关系。重要性水平越高，审计风险越高；重要性水平越低，审计风险越低。　　　　　　　　　　　　　　　　　　（　　）

4. 计划审计工作是一个持续的、不断修正的过程，贯穿于整个审计业务的始终。　　　　　　　　　　　　　　　　　　　　　　　　　　　　　　　（　　）

5. 如果财务报表中的某项错报足以改变或影响财务报表使用者的决策，则该项错报就是重要的，否则就不重要。　　　　　　　　　　　　　　　　　（　　）

6. 注册会计师确定重要性需要运用职业判断。通常先选定一个基准，再乘以某一百分比。经常性业务的税前利润对应的百分比通常比营业收入对应的百分比要低。（　　）

7. 对于出现错报可能性较大的账户或交易，可以将重要性水平定得高一些，以节省审

计成本。（　　）

8. 在某些情况下，金额相对较小的错报可能会对财务报表产生重大影响。（　　）

9. 重大错报风险与被审计单位的风险相关，且独立存在于财务报表的审计中。

（　　）

10. 进一步审计程序的总体方案主要是指注册会计师针对各类交易、账户余额和披露决定采用的总体方案（包括实质性方案和综合性方案）。（　　）

11. 通常而言，实际执行的重要性为财务报表整体重要性的50%。（　　）

12. 控制风险是指在考虑相关的内部控制之前，某类交易、账户余额或披露的某一认定易于发生错报（该错报单独或连同其他错报可能是重大的）的可能性。（　　）

13. 实际执行的重要性，是指注册会计师确定的低于财务报表整体的重要性的一个或多个金额，旨在将未更正和未发现错报的汇总数超过财务报表整体的重要性的可能性降至适当的低水平。（　　）

14. 总体审计策略包括进一步审计程序和其他审计程序。（　　）

15. 注册会计师认为管理层选用会计政策造成错报，管理层却认为选用会计政策适当，从而导致出现判断差异，这是推断错报。（　　）

16. 注册会计师在审计测试中发现存货的实际价值为15 000元，但账面记录的金额却为10 000元。因此，存货和应付账款分别被低估了5 000元，这里被低估的5 000元就是判断错报。（　　）

二、单项选择题

1. 下列有关审计计划的说法中，正确的是（　　）。
A. 总体审计策略不受具体审计计划的影响
B. 具体审计计划的核心是确定审计的范围和审计方案
C. 进一步审计程序属于总体审计策略的内容
D. 制定总体审计策略的过程通常在编制具体审计计划之前

2. 财务报表错报是指（　　）。
A. 财务报表金额的错报和财务报表披露的错报
B. 财务报表金额的错报
C. 财务报表披露的错报
D. 财务报表金额的漏报

3. 审计风险取决于（　　）。
A. 重大错报风险和检查风险　　　　　　B. 重大错报风险
C. 检查风险　　　　　　　　　　　　　D. 经营风险

4. 审计人员在运用重要性原则时，应当考虑（　　）。
A. 财务报表的金额和性质　　　　　　　B. 错报的金额和性质
C. 账户的金额和性质　　　　　　　　　D. 交易的金额和性质

5. 在审计风险的组成要素中，审计人员能够控制的是（　　）。
A. 重大错报风险　　B. 控制风险　　C. 检查风险　　D. 抽样风险

6. 不论重大错报风险的评估结果如何，审计人员都应对各重要账户或交易类别进行（　　）。

　　A.详细审计　　　　　　　　　　　　B.抽样审计

　　C.实质性程序　　　　　　　　　　　D.控制测试

　　7.注册会计师在确定财务报表整体的重要性选择基准时通常不需要考虑的是（　　）。

　　A.被审计单位所处的生命周期阶段　　B.被审计单位的所有权结构和融资方式

　　C.基准的相对波动性　　　　　　　　D.基准的重大错报风险

　　8.如果资产负债表的重要性水平为10 000元，利润表的重要性水平为15 000元，则在计划审计工作时，注册会计师应确定（　　）为财务报表层次的重要性水平。

　　A.10 000元　　　　B.15 000元　　　　C.5 000元　　　　D.25 000元

　　9.编制审计计划时，注册会计师应对重要性水平作出初步判断，以确定（　　）。

　　A.所需审计证据的数量　　　　　　　B.可容忍误差

　　C.初步审计策略　　　　　　　　　　D.审计意见类型

　　10.应收账款年末余额为5 000万元，注册会计师抽查样本发现金额有200万元的高估，高估部分为账面金额的10%。据此，推断误差为（　　）。

　　A.200万元　　　　B.300万元　　　　C.400万元　　　　D.500万元

　　11.下列关于重要性的说法中，不正确的有（　　）。

　　A.无论是笔误还是舞弊，金额小于重要性水平时均不重要

　　B.恰当运用重要性水平有助于提高审计效率和保证审计质量

　　C.重要性有数量和性质两个方面的特征

　　D.注册会计师应从财务报表层次和认定层次来考虑重要性

　　12.审计过程中需要修改重要性的原因不包括（　　）。

　　A.审计过程中情况发生重大变化

　　B.通过实施进一步审计程序，注册会计师对被审计单位及其经营所了解的情况发生变化

　　C.获取新信息

　　D.注册会计师在审计过程中发现，实际财务成果与最初确定财务报表整体的重要性使用的预期本期财务成果相比不存在很大差异

　　13.注册会计师应当选择恰当的基准，以下情形中，不恰当的是（　　）。

　　A.针对目前正在建造厂房及购买机器设备的开办期的被审计单位，注册会计师以总资产为基准

　　B.针对开放式基金的被审计单位，注册会计师以净资产为基准

　　C.针对目前侧重于抢占市场份额、扩大企业知名度和影响力的被审计单位，注册会计师以营业收入为基准

　　D.如果被审计单位盈利水平保持稳定，注册会计师应当以税前利润作为基准

　　14.下列情形中，注册会计师不应以财务报表整体重要性的75%确定实际执行的重要性的是（　　）。

　　A.项目总体风险较高

　　B.被审计单位面临较低的业绩压力

　　C.被审计单位管理层有足够的管理能力

D.连续审计项目，被审计单位以前年度审计调整较少

15.针对总体审计策略和具体审计计划，下列说法中，不恰当的是（　　）。

A.总体审计策略包括确定报告目标、时间安排及所需沟通的事项

B.总体审计策略不包括进一步审计程序和其他审计程序

C.具体审计计划的核心是确定审计程序的性质、时间安排和范围

D.总体审计策略的变化不影响注册会计师对具体审计计划的调整

16.注册会计师在形成审计结论阶段，使用财务报表整体的重要性的目的是（　　）。

A.评价进一步审计程序的性质、时间安排和范围

B.评价识别和评估重大错报风险

C.评价已识别的错报对财务报表整体的影响

D.评价风险评估程序的性质、时间安排和范围

三、多项选择题

1.在制定总体审计策略时，注册会计师应当考虑的主要事项包括（　　）。

A.审计范围

B.报告目标、时间安排及所需沟通的性质

C.审计方向

D.审计资源

2.下列各项中，属于具体审计计划的活动的有（　　）。

A.确定风险评估程序的性质、时间安排和范围

B.确定进一步审计程序的性质、时间安排和范围

C.计划其他审计程序

D.确定重要性

3.下列对重要性概念的理解，正确的有（　　）。

A.重要性概念中的错报包含漏报

B.重要性概念是针对财务报表编制者的信息需求而言的

C.重要性的确定离不开具体环境

D.对重要性的评估需要运用职业判断

4.下列指标可以用作确定财务报表层次重要性水平基准的有（　　）。

A.总资产　　　　　　　B.总负债　　　　　　C.营业收入　　　　D.净利润

5.对于特定审计项目而言，审计风险和审计证据的关系可以表述为（　　）。

A.期望的审计风险越低，所需的审计证据的数量就越多

B.评估的重大错报风险越低，所需的审计证据的数量就越少

C.评估的重大错报风险越高，所需的审计证据的数量就越多

D.可接受的检查风险越高，所需的审计证据的数量就越多

6.在审计过程中，注册会计师应当合理运用重要性原则的情况有（　　）。

A.确定是否接受委托　　　　　　　　　B.评价审计结果

C.执行审计程序　　　　　　　　　　　D.确定审计程序的性质、时间和范围

7.注册会计师在确定财务报表整体的重要性选择基准时通常需要考虑的有（　　）。

A.被审计单位的性质

B.以前年度审计调整的金额

C.基准的相对波动性

D.是否存在财务报表使用者特别关注的项目

8.注册会计师在确定明显微小错报临界值时，通常需要考虑的因素有（　　）。

A.重大错报风险的评估结果

B.以前年度审计中识别的错报

C.被审计单位治理层和管理层对注册会计师与其沟通错报的期望

D.被审计单位的财务报表是否分发给广大范围的使用者

9.下列情形中，注册会计师通常考虑采用较低的百分比确定实际执行的重要性的有（　　）。

A.首次接受委托执行审计

B.预期本年被审计单位存在值得关注的内部控制缺陷

C.以前年度审计调整较少

D.本年被审计单位面临较大的市场竞争压力

10.认定层次的重大错报风险可以细分为（　　）。

A.审计风险　　　　B.固有风险　　　　C.控制风险　　　　D.检查风险

11.两个层次的重大错报风险包括（　　）。

A.财务报表层次　　　　　　　　　　B.各类交易、账户余额和披露认定层次

C.检查风险　　　　　　　　　　　　D.审计风险

四、简答题

1.如何理解审计的重要性？

2.注册会计师在确定重要性水平选择基准时需要考虑哪些因素？

3.简要说明重要性水平与审计风险之间的关系。

4.什么是错报？一般将它区分为哪三种？

5.什么是审计风险？它包括哪些组成要素？

6.简要说明重大错报风险评估结果与审计证据之间的关系。

7.简要说明可接受的检查风险水平与审计证据之间的关系。

8.确定实际执行的重要性时，注册会计师在什么情况下可能考虑选择较低的百分比，在什么情况下可能考虑选择较高的百分比？

9.注册会计师在制定总体审计策略时一般应考虑哪些主要事项？

10.审计过程中什么情况下需要修改审计计划？

11.什么是事实错报？什么是判断错报？什么是推断错报？

12.具体审计计划的内容有哪些？

五、实务题

1.注册会计师张梅负责对常年审计客户昌盛公司2023年度财务报表进行审计，在制订审计计划、实施风险评估时，遇到下列与重要性有关的事项：

（1）在确定财务报表整体的重要性水平时，张梅特别考虑了昌盛公司最大股东决策需

要，以确保金额在重要性水平以下的错报不影响财务报表使用者的决策。

（2）考虑到昌盛公司处于新兴行业，目前侧重于抢占市场份额、扩大企业知名度和影响力，张梅将净资产作为确定财务报表整体重要性的基准。

（3）张梅运用财务报表整体的重要性评价了已识别错报对财务报表和对审计报告中审计意见的影响。

（4）在确定实际执行的重要性时，张梅选取金额超过实际执行的重要性的财务报表项目实施进一步审计程序，而对低于实际执行的重要性的财务报表项目不实施进一步审计程序。

要求：逐一考虑上述每种情况，指出注册会计师张梅的观点或做法是否恰当。如不恰当，请简要说明理由。

2.注册会计师张梅在评估被审计单位的审计风险时，分别设计了四种情况，见表4-1。

表4-1　　　　　　　　　　　　**风险类别情况表**

风险类别	情况一	情况二	情况三	情况四
可接受的审计风险	4%	4%	5%	5%
重大错报风险	80%	50%	80%	50%

要求：

（1）上述四种情况下的检查风险水平分别是多少？

（2）哪种情况需要注册会计师张梅获取最多的审计证据？为什么？

3.昌盛公司未经审计的财务报表显示，2023年度资产总额为180 000万元，净资产为88 000万元，营业收入为240 000万元，利润总额为36 000万元，净利润为24 120万元。为确定财务报表整体的重要性水平，注册会计师张梅决定以昌盛公司2023年度的资产总额、净资产、营业收入以及净利润作为判断基础，采用固定比率法，选定这些判断基础的固定比率分别为0.5%、1%、0.5%和5%。

要求：请代为计算并确定昌盛公司2023年度财务报表整体的重要性水平（请列示计算过程）。

4.注册会计师张梅负责对常年审计客户昌盛公司2023年度财务报表进行审计，撰写了总体审计策略和具体审计计划。部分内容摘录如下：

（1）初步了解2023年度昌盛公司及其环境未发生重大变化，拟依赖以往审计中对管理层、治理层的诚信形成的判断。

（2）因对昌盛公司内部审计人员的客观性和专业胜任能力存有疑虑，拟不利用内部审计工作。

（3）如果对计划的重要性水平作出修正，拟通过修改计划实施的实质性程序的性质、时间和范围降低重大错报风险。

（4）假定昌盛公司在收入确认方面存在舞弊风险，拟将销售交易及其认定的重大错报风险评估为高水平，不再了解和评估相关控制设计的合理性并确定其是否已得到执行，直接实施细节测试。

要求：针对上述事项，逐项指出注册会计师张梅拟订的计划是否存在不当之处。

5.ABC会计师事务所2023年度承接的财务报表审计业务客户的具体情况见表4-2。

表4-2　　　　　**可能选择的确定财务报表整体重要性的基准**

审计客户具体情况	可能选择的确定财务报表整体重要性的基准
（1）甲企业的盈利水平保持稳定	
（2）乙企业近年来经营状况大幅度波动，盈利和亏损交替发生，或者由正常盈利变为亏损或微利，或者本年度税前利润因情况变化而出现意外增加或减少	
（3）丙企业为新设企业，处于开办期，尚未开始经营，目前正在建造厂房及购买机器设备	
（4）丁企业处于新兴行业，目前侧重于抢占市场份额、扩大企业知名度和影响力	
（5）戊企业为公益性质的基金会	

要求：请根据表中被审计单位的具体情况，确定审计人员可能选择的确定财务报表整体重要性的基准。

6.注册会计师李红承接对S公司2023年度财务报表审计业务，在审计过程中作出了如下论断：

（1）注册会计师需要制订的计划仅限于总体审计策略和具体审计计划。

（2）注册会计师应当就下列事项形成审计工作底稿：总体审计策略；具体审计计划。

（3）在制定总体审计策略时，注册会计师与管理层和治理层举行会谈，讨论审计程序的性质、时间安排和范围。

（4）在制订具体审计计划时确定实际执行的重要性。

（5）在总体审计策略中确定审计范围，所以计划实施的进一步审计程序的范围在总体审计策略中考虑。

要求：逐一判断以上论断是否恰当。如不恰当，请简要说明理由。

7.注册会计师李红是ABC会计师事务所指派的T公司2023年度财务报表审计业务的项目合伙人。在制订审计计划、实施风险评估时，注册会计师李红需要考虑与重要性相关的问题。具体情况如下：

（1）基于重要性与重大错报风险的反向变动关系，注册会计师李红决定在制定总体审计策略时首先评估重大错报风险，然后据以确定财务报表整体的重要性水平。

（2）确定财务报表整体的重要性水平时，注册会计师李红特别考虑了作为T公司最大股东的W公司的决策需要，以确保金额在重要性水平以下的错报不影响W公司的经济决策。

（3）为防止未发现错报和未更正错报汇总后构成重大错报，注册会计师李红确定实际执行的重要性水平相当于计划重要性的90%。

（4）T公司的一部分原材料可能在地震中毁损，因无法进行现场评估，难以确定需要计提的存货跌价准备金额，注册会计师李红据此调低了确定的重要性水平。

（5）因审计范围受限而无法针对某类交易获取足够数量的审计证据，注册会计师李红利用重要性与审计证据数量的反向变动关系，调高了该类交易的重要性水平。

要求：请逐一考虑上述每种情况，指出注册会计师李红的观点或做法是否存在不当之处。如认为存在不当之处，请简要说明理由。

第5章

识别和评估重大错报风险

【学习目的与要求】

风险评估程序是为了解被审计单位及其环境而实施的程序。通过本章学习，旨在对风险评估程序的内容和方法有一个全面的认识。理解被审计单位及其环境的内容，明确内部控制的含义和要素，结合被审计单位的实际情况，掌握对重要交易流程的内部控制了解和记录的方法，要能够运用文字表述法、调查表法和流程图法，对内部控制作出描述和评价。掌握识别和评估重大错报风险的方法，要能够识别财务报表层次和认定层次的重大错报风险。

【本章岗课赛证融通训练】

一、判断题

1. 健全严密的内部控制可以防止任何差错和舞弊。　　　　　　　　　　（　　）

2. 执行小规模企业财务报表审计时，注册会计师无须了解相关内部控制。　（　　）

3. 职责划分的内容既包括不相容职务在组织机构之间的分离，也包括不相容职务在组织机构内部的分离。　　　　　　　　　　　　　　　　　　　　　　　（　　）

4. 内部控制的控制点设置得越多越好。　　　　　　　　　　　　　　　（　　）

5. 为了解被审计单位及其环境而实施的程序称为"风险评估程序"。注册会计师应当依据实施这些程序所获取的信息，评估重大错报风险。　　　　　　　　　　（　　）

6. 了解被审计单位及其环境是必要程序，是一个连续和动态地收集、更新与分析信息的过程，贯穿于整个审计过程的始终。　　　　　　　　　　　　　　　　　（　　）

7. 内部控制的某些要素更多地对被审计单位整体层面产生影响，而其他要素则更多地与特定业务流程相关。在实务中，注册会计师往往从被审计单位整体层面和业务流程层面分别了解和评价被审计单位的内部控制。　　　　　　　　　　　　　　　　　（　　）

8. 控制与认定直接或间接相关；控制与认定关系越间接，控制对防止或发现并纠正认

定错报中的作用越大。 （   ）

9.决策时人为判断可能出现错误，人为失误会导致内部控制失效。 （   ）

10.可能由于两个或更多的人员进行串通或管理层凌驾于内部控制之上而使内部控制被规避。 （   ）

11.风险识别和评估是注册会计师通过实施风险评估程序，识别和评估财务报表层次重大错报风险。 （   ）

12.了解审计单位及其环境的目的是评估审计风险。 （   ）

13.控制风险属于内部控制要素。 （   ）

14.了解审计单位内部控制时通常不采用分析程序。 （   ）

15.被审计单位即使经营目标正确、经营战略适当，也会产生经营风险。 （   ）

16.注册会计师在整体层面了解、评价的内部控制要素包括：内部环境、风险评估、信息与沟通、内部监督。 （   ）

17.控制活动是指有助于确保管理层的指令得以执行的政策和程序，包括与授权、业绩评价、信息处理、实物控制和职责分离等相关的活动。 （   ）

二、单项选择题

1.保管某项财产物资的职务和该项财产物资的记录职务应予分离属于（   ）。

A.财产管理控制   B.授权批准控制

C.职务分离控制   D.内部审计控制

2.对访问计算机程序和数据文件设置授权，以及定期盘点并将盘点记录与会计记录相核对属于（   ）。

A.实物控制   B.授权批准控制

C.职务分离控制   D.组织机构控制

3.为了克服制度基础审计的局限性，审计界正在形成的一种新的审计模式是（   ）。

A.制度基础审计   B.风险导向审计

C.账项基础审计   D.判断抽样审计

4.内部控制的内部环境不包括（   ）。

A.组织结构   B.职权与责任的分配

C.内部审计的职能范围   D.人力资源政策与实务

5.诚信和道德价值观念是（   ）的重要组成部分。

A.内部环境   B.控制活动

C.信息系统与沟通   D.内部监督

6.（   ）是通过追踪交易在财务报告信息系统中的处理过程，来证实注册会计师对控制的了解、评价控制设计的有效性以及确定控制是否得到有效执行的方法。

A.穿行测试   B.观察   C.重新执行   D.检查

7.注册会计师对商品实际发货数量与开票数量进行定期核对调节的程序本身就足以对销售流程中"存在性"这一目标提供合理保证，并且也能对销售流程中（   ）这一目标提供合理保证。

A.计价   B.准确性   C.可理解性   D.完整性

8.下列有关经营风险对重大错报风险的影响的说法中，错误的是（　　　）。

A.多数经营风险最终都会产生财务后果，从而可能导致重大错报风险

B.注册会计师在评估重大错报风险时，没有责任识别或评估对财务报表没有重大影响的经营风险

C.经营风险通常不会对财务报表层次重大错报风险产生直接影响

D.经营风险可能对认定层次重大错报风险产生直接影响

9.下列有关与审计相关的内部控制的说法中，正确的是（　　　）。

A.与财务报告相关的内部控制均与审计相关

B.与审计相关的内部控制并非均与财务报告相关

C.与经营目标相关的内部控制与审计无关

D.与合规目标相关的内部控制与审计无关

10.下列有关控制环境的说法中，错误的是（　　　）。

A.有效的控制环境本身可以防止、发现并纠正各类交易、账户余额和披露认定层次的重大错报

B.控制环境对重大错报风险的评估具有广泛影响

C.有效的控制环境可以降低舞弊发生的风险

D.财务报表层次重大错报风险很可能源于控制环境存在缺陷

11.下列各项中，属于内部监督的是（　　　）。

A.授权与批准

B.职权与责任的分配

C.业绩评价

D.内审部门定期评估控制的有效性

12.下列有关识别、评估和应对重大错报风险的说法中，错误的是（　　　）。

A.在识别和评估重大错报风险时，注册师应当考虑发生错报的可能性以及潜在错报的重大程度

B.注册会计师应当将识别的重大错报风险与特定的某类交易、账户余额和披露的认定相联系

C.对于某些重大错报风险，注册会计师可能认为仅通过实质性程序无法获取充分、适当的审计证据

D.在实施进一步审计程序的过程中，注册会计师可能需要修正对认定层次重大错报风险的评估结果

13.下列情形中，通常表明存在财务报表层次重大错报风险的是（　　　）。

A.被审计单位的竞争者开发的新产品上市

B.被审计单位从事复杂的金融工具投资

C.被审计单位资产的流动性出现问题

D.被审计单位存在重大的关联方交易

14.在应对仅通过实质性程序无法应对的重大错报风险时，注册会计师考虑的措施最恰当的是（　　　）。

A.扩大实质性程序范围

B.考虑减少对控制的信赖

C.将实质性分析程序与细节测试相结合

D.考虑依赖的相关控制的有效性，并对其进行了解、评估和测试

15.在了解被审计单位内部控制时，注册会计师最应当关注的是（   ）。

A.内部控制是否能够防止或发现并纠正错误或舞弊导致的重大错报

B.内部控制是否没有因串通而失效

C.内部控制是否明确区分控制要素

D.内部控制是否按照管理层的意图，实现了经营效率

三、多项选择题

1.一般来说，描述内部控制的方法有（   ）。

A.文字表述法   B.调查表法

C.观察法   D.流程图法

2.在编制审计计划前，应当了解被审计单位的内部控制。了解重要内部控制应实施的程序通常包括（   ）。

A.询问被审计单位的有关人员，并查阅相关内部控制文件

B.检查被审计单位内部控制生成的文件和记录

C.选择被审计单位若干具有代表性的交易和事项进行穿行测试

D.观察被审计单位的业务活动和内部控制的运行情况

3.内部控制的要素包括（   ）。

A.内部环境   B.风险评估、控制活动

C.信息系统与沟通   D.内部监督

4.注册会计师应当实施风险评估程序了解下列（   ）涉及被审计单位与财务报表编制相关的内部环境。

A.被审计单位管理层如何履行其管理职责，例如，被审计单位的组织文化，管理层是否重视诚信、道德和价值观

B.被审计单位在治理层与管理层分离的体制下，治理层的独立性以及治理层监督内部控制体系的情况

C.被审计单位内部权限和职责的分配情况

D.被审计单位如何吸引、培养和留住具有胜任能力的人员

5.注册会计师应当实施风险评估程序了解下列（   ）涉及被审计单位的信息处理活动，以及在这些活动中使用的资源，针对相关交易类别、账户余额和披露的信息处理活动的政策。

A.信息在被审计单位信息系统中的传递情况，包括交易如何生成，与交易相关的信息如何进行记录、处理、更正、结转至总账、在财务报表中报告，以及其他方面的相关信息如何获取、处理、在财务报表中披露

B.与信息传递相关的会计记录、财务报表特定项目以及其他支持性记录

C.被审计单位的财务报告过程

D.相关的被审计单位资源，包括信息技术环境

6.通常，制造业企业的内部控制划分为（　　）。

A.销售与收款循环

B.采购与付款循环

C.生产与存货循环

D.投资与筹资循环、人力资源与工薪循环

7.企业设计和实施各项内部控制的责任主体是（　　）和其他人员，组织中的每个人都对内部控制负有责任。

A.治理层　　　　　　　　　　B.注册会计师

C.管理层　　　　　　　　　　D.政府部门

8.注册会计师在实施风险评估程序了解被审计单位与财务报表编制相关的内部环境后，应当从下列（　　）方面评价被审计单位内部环境。

A.在治理层的监督下，被审计单位管理层是否营造并保持了诚实守信和合乎道德的文化

B.根据被审计单位的性质和复杂程度，被审计单位内部环境是否为内部控制体系的其他要素奠定了适当的基础

C.识别出的内部环境方面的控制缺陷是否会削弱被审计单位内部控制体系的其他要素

D.根据被审计单位的性质和复杂程度，评价被审计单位对内部控制体系的监督是否适合其具体情况

9.关于风险评估程序，以下说法中，恰当的有（　　）。

A.如果未实施风险评估程序，则注册会计师无法评估重大错报风险

B.注册会计师常常采用分析程序识别和评估控制风险

C.实施风险评估程序的目的是识别和评估财务报表重大错报风险

D.风险评估程序包括询问管理层和被计单位内部其他人员、分析程序、观察和检查

10.注册会计师执行穿行测试可以实现的目的有（　　）。

A.确认对业务流程的了解

B.识别可能发生错报的环节

C.评价控制设计的有效性

D.确定控制是否得到执行

11.在对内部控制进行初步评价并进行风险评估后，注册会计师通常需要在审计工作底稿中形成结论的有（　　）。

A.控制本身的设计是否有效

B.控制是否得到执行

C.是否信赖控制并实施控制测试

D.是否实施实质性程序

12.针对了解内部控制后初步评估控制风险的情形，以下说法中，恰当的有（　　）。

A.控制本身的设计就是无效的

B.内部控制运行有效

C.控制本身设计是合理的，但没有得到执行

D. 所设计的控制单独或连同其他控制能够防止或发现并纠正重大错报，并得到执行

四、简答题

1. 风险评估的作用有哪些？

2. 风险评估的程序有哪些？

3. 了解被审计单位及其环境的内容包括哪些方面？

4. 被审计单位所处的法律环境及监管环境有哪些方面？

5. 内部控制五要素包括哪些内容？

6. 内部控制中内部环境的内容有哪些？

7. 对内部控制进行描述的文字表述法、调查表法、流程图法各自有何优缺点？

8. 注册会计师如何了解、评价被审计单位与财务报表编制相关的内部环境？

9. 注册会计师如何了解、评价被审计单位与财务报表编制相关的风险评估工作？

10. 注册会计师如何了解、评价被审计单位与财务报表编制相关的信息与沟通？

11. 注册会计师如何了解、评价被审计单位与财务报表编制相关的内部控制体系的监督工作？

12. 注册会计师识别和评估重大错报风险的审计程序有哪些？

五、实务题

1. 甲公司下属乙分公司拟建设一项冷冻仓储工程。2023 年 2 月 9 日，乙分公司会议决定建设冷冻仓储项目，并表示由于时间紧迫，一边向甲公司总部报批，一边进行建设。2023 年 2 月 10 日，乙分公司委托工程设计单位，3 月 2 日通过邀请招标方式确定了施工单位，4 月 9 日取得甲公司总部的立项批准，9 月 30 日工程完工，总投资 2 000 万元。2024 年 2 月，甲公司总部在内部审计时发现：

（1）立项未批准即开展设计和招标，不符合公司制度规定。

（2）工程总投资达到 2 000 万元，按照公司招标制度的规定，应当进行公开招标。

（3）甲公司总部商议后认为乙分公司近年来经营情况较好，该项目也符合公司发展需要，未追究相关人员责任。

要求：分析该公司内部控制存在的缺陷。

2. 注册会计师张明是甲公司 2023 年度财务报表审计业务的负责人。在制订具体审计计划时，张明需要了解甲公司的内部控制，以评估重大错报风险。相关情况如下：

（1）在了解保护原材料安全完整的内部控制后，没有了解甲公司管理层重点推荐的防止浪费原材料的内部控制。

（2）了解到甲公司赊销审批环节的内部控制存在重大设计缺陷后，决定不对该环节实施穿行测试。

（3）为了解甲公司业务流程层面的检查性控制，按职务级别从低到高的顺序向若干不同级别的职员进行了询问。

（4）为证实内部控制的执行效果，实施的控制测试以重新执行程序为主，并辅之以询问、观察和检查程序。

要求：逐一针对上述情况，指出注册会计师张明在了解内部控制、评估重大错报风险时是否存在不当之处，简要说明理由，并提出改进建议。

3.甲公司从事小型机电产品的生产和销售，主要原材料均在国内采购，产品主要自营出口到美国。注册会计师A和B负责审计甲公司2023年度财务报表。注册会计师A和B在审计工作底稿中记录了所了解的甲公司情况及其环境，部分内容摘录如下：

（1）2022年年初至2023年8月，甲公司主要原材料采购价格基本稳定。2023年9月至10月，主要原材料价格平均下跌了约5%。甲公司预计主要原材料在2023年年底前很可能止跌回升，因此在2023年9月至10月进行大量采购，以满足2024年2月底前的生产需求，但2023年10月之后，相关原材料市场价格实际上继续下跌。

（2）2023年12月，甲公司决定淘汰一批账面价值为98万元的旧检验设备，并与受让方签订了不可撤销的转让协议，转让价格为15万元。2024年1月，甲公司向受让方移交该批检验设备，并收讫转让款。

（3）根据甲公司与丙银行签订的贷款框架协议，丙银行自2023年1月至2024年1月向甲公司提供累计金额不超过30 000万元的流动资金贷款额度。2024年1月，丙银行终止与甲公司的贷款协议。甲公司正在寻求维持日常经营活动所需的资金来源，但尚未取得实质性进展。

要求：针对上述资料，请逐项指出资料所列事项是否可能表明存在重大错报风险。如果认为存在，请简要说明理由，并分别说明该风险是属于财务报表层次还是认定层次。

4.丁公司主要从事小型电子消费品的生产和销售，产品的销售以丁公司仓库为交货地点。丁公司日常交易采用自动化信息系统（以下简称系统）和手工控制相结合的方式。注册会计师B负责审计丁公司2023年度财务报表。注册会计师B在审计工作底稿中记录了所了解的丁公司情况及其环境，部分内容摘录如下：

（1）由于2022年销售业绩未达到董事会制定的目标，丁公司于2023年2月更换了公司负责销售的副总经理。

（2）丁公司主要竞争对手于2023年年末纷纷推出降价促销活动。为了巩固市场份额，丁公司于2024年元旦开始全面下调了主要产品的建议零售价，不同规格的主要产品降价幅度从5%到20%不等。

（3）丁公司于2022年7月完工投入使用的一个仓库被有关部门认定为违章建筑，被要求在2023年6月底前拆除。

（4）2022年年初，丁公司启用新财务信息系统，并计划同时使用原系统6个月。由于同时运行两个系统对丁公司相关部门人员的工作量影响很大，2个月后，丁公司决定提前停用原系统。

要求：针对上述资料，请逐项指出资料所列事项是否可能表明存在重大错报风险。如果认为存在，请简要说明理由，并分别说明该风险是属于财务报表层次还是认定层次。

5.注册会计师A于2023年10月对乙公司的内部控制制度进行了解后，在相关审计工作底稿中记录了所了解事项，摘录如下：

（1）生产计划部负责签发预先编号的生产通知单。生产部门根据生产通知单填写一式三联的领料单。仓库发料后，其中一联留存作为出库凭据并据以登记材料明细账，一联连同材料交生产部门，另一联送财务部门进行成本核算。

（2）采购部门将采购业务的审批权限下放至各部门，由各部门主管根据部门预算批准员工提出的采购申请并在请购单上签字后交由采购部门办理。

（3）银行出纳员负责办理与银行存款相关的业务并登记银行存款日记账。月底，银行出纳员取得银行对账单并编制银行存款余额调节表，将调节结果向财务经理汇报。

（4）公司各部门员工报销各种管理费用前，需到财务部填制费用报销单，由财务部门主管审核，现金出纳员见到加盖该主管的审核印章后办理支付业务。

要求：请单独考虑上述每一种情况，假定未描述的其他内部控制不存在控制缺陷，请指出所描述的内部控制是否存在设计缺陷。如存在，请进一步说明存在的内部控制缺陷可能导致财务报表哪一个项目的哪一项认定产生重大错报风险，简要说明理由。

第6章

实施进一步审计程序

【学习目的与要求】

本章主要学习在评估重大错报风险的基础上，设计进一步审计程序的内容。进一步审计程序包括：控制测试和实质性程序。通过本章的学习，要明确进一步审计程序的内容；了解针对财务报表层次重大错报风险应当采取的总体应对措施；理解针对认定层次重大错报风险制定进一步审计程序时应考虑的因素；明确控制测试、实质性程序的含义和要求；掌握拟定控制测试、实质性程序性质、时间和范围的思路。使学生能在风险评估的基础上设计进一步审计程序，学会制定总体审计策略和具体审计计划。

【本章岗课赛证融通训练】

一、判断题

1. 注册会计师应针对评估的认定层次重大错报风险确定总体审计策略。（　　）

2. 注册会计师应当针对实施风险评估程序的结果和控制测试的结果，计划和实施实质性程序。（　　）

3. 进一步审计程序的时间是指注册会计师何时实施进一步审计程序，或审计证据适用的期间或时点。（　　）

4. 注册会计师应当针对评估的财务报表层次的重大错报风险设计和实施进一步审计程序。（　　）

5. 注册会计师评估的重大错报风险越高，实施实质性程序的范围越广。（　　）

6. 注册会计师如果对控制测试的结果不满意，应当考虑扩大实质性程序的范围。（　　）

7. 进一步审计程序是指注册会计师针对评估的各类交易、账户余额、列报认定层次重大错报风险实施的审计程序，包括控制测试和实质性程序。（　　）

8. 财务报表层次的重大错报风险很可能源于薄弱的控制环境。（　　）

9. 在整个拟信赖的期间，被审计单位执行控制的频率越低，控制测试的范围越大。

（　　　）

10. 实质性程序的时间可以选择在期末或期中。如果在期中实施了实质性程序，注册会计师无须再对剩余期间实施进一步的实质性程序。（　　　）

11. 控制测试是指用于评价内部控制在防止或发现并纠正认定层次重大错报方面的运行有效性的审计程序。控制测试的目的是测试控制运行的有效性。这一概念不同于"了解内部控制"。（　　　）

12. 如果认为仅实施实质性程序获取的审计证据无法将认定层次重大错报风险降至可接受的低水平，注册会计师应当实施相关的控制测试，以获取控制运行有效性的审计证据。（　　　）

13. 实质性程序是指注册会计师针对评估的重大错报风险实施的直接用以发现认定层次重大错报的审计程序。（　　　）

14. 实质性程序的性质是指实质性程序的类型及其组合。实质性程序的类型是细节测试。（　　　）

15. 如果拟将期中测试得出的结论延伸至期末，注册会计师不需要考虑针对剩余期间仅实施实质性程序是否足够。（　　　）

二、单项选择题

1. 关于总体审计方案，下列说法中，错误的是（　　　）。

A. 注册会计师针对某一认定实施综合性方案时，应当将控制测试与实质性程序结合

B. 注册会计师针对某一认定实施实质性方案时，注册会计师以实质性程序为主

C. 总体审计方案是针对拟实施的进一步审计程序而言的

D. 当评估的财务报表层次重大错报风险属于高风险水平时，拟实施进一步审计程序的总体方案往往更倾向于综合性方案

2. 控制测试的目的是测试（　　　）。

A. 控制的设计　　　　　　　　　　　B. 控制是否得到执行

C. 控制的存在　　　　　　　　　　　D. 控制运行的有效性

3. 下列各项审计程序，非必须执行的是（　　　）。

A. 了解被审计单位的基本情况　　　　B. 控制测试

C. 实质性程序　　　　　　　　　　　D. 编写审计报告

4. 注册会计师在对涉及职能分离但未留下交易轨迹的控制程序进行测试时，最可能运用（　　　）。

A. 检查　　　　　　B. 观察　　　　　　C. 重新执行　　　　　　D. 调节

5. （　　　）是通过追踪交易在财务报告信息系统中的处理过程，来证实注册会计师对控制的了解、评价控制设计的有效性以及确定控制是否得到有效执行的方法。

A. 穿行测试　　　　　B. 观察　　　　　　C. 重新执行　　　　　　D. 检查

6. 进行控制测试后，注册会计师对内部控制再次进行评价，如果评价的结果是（　　　），则注册会计师可以较多地依赖、利用内部控制，相应减少实质性程序的数量和范围。

A.高信赖程度   B.中信赖程度

C.低信赖程度   D.不需要评价

7.进行控制测试后，注册会计师对内部控制再次进行评价，如果评价的结果是低信赖程度，则下列说法正确的是（   ）。

A.应相应扩大实质性程序的数量和范围   B.无须改变实质性程序的数量和范围

C.应相应减少实质性程序的数量和范围   D.控制测试结果与实质性程序范围无关

8.下列各项措施中，不能应对财务报表层次重大错报风险的是（   ）。

A.在期末而非期中实施更多的审计程序

B.扩大控制测试的范围

C.增加拟纳入审计范围的经营地点的数量

D.增加审计程序的不可预见性

9.下列有关针对重大账户余额实施审计程序的说法中，正确的是（   ）。

A.注册会计师应当实施实质性程序

B.注册会计师应当实施细节测试

C.注册会计师应当实施控制测试

D.注册会计师应当实施控制测试和实质性程序

10.下列有关注册会计师实施进一步审计程序的时间的说法中，错误的是（   ）。

A.注册会计师在确定何时实施进一步审计程序时需要考虑能够获取相关信息的时间

B.如果评估的重大错报风险为低水平，注册会计师可以选择资产负债表日前适当日期为截止日实施函证

C.对于被审计单位发生的重大交易，注册会计师应当在期末或期末以后实施实质性程序

D.如果被审计单位的控制环境良好，注册会计师可以更多地在期中实施进一步审计程序

11.下列有关实质性程序的说法中，正确的是（   ）。

A.注册会计师应当针对所有类别的交易、账户余额和披露实施实质性程序

B.注册会计师针对认定层次的特别风险实施的实质性程序应当包括实质性分析程序

C.如果在期中实施了实质性程序，注册会计师应当对剩余期间实施控制测试和实质性程序

D.注册会计师实施的实质性程序应当包括将财务报表与其所依据的会计记录进行核对或调整

12.下列有关实质性程序的时间安排的说法中，正确的是（   ）。

A.实质性程序应当在控制测试完成后实施

B.应对舞弊风险的实质性程序应当在资产负债表日后实施

C.针对账户余额的实质性程序应当在接近资产负债表日实施

D.实质性程序的时间安排受被审计单位控制环境的影响

13.下列有关影响进一步审计程序时间安排的因素中，错误的是（   ）。

A.评估的认定层次重大错报风险

B.错报风险的性质

C.审计意见的类型

D.审计证据适用的期间或时点

14.下列有关影响进一步审计程序范围的说法中，不正确的是（　　）。

A.实际执行的重要性水平越高，则越可以缩小进一步审计程序的范围

B.如果评估的认定层次重大错报风险越高，则应当扩大进一步审计程序的范围

C.如果拟从控制测试中获取更低的保证程度，则应当扩大控制测试的范围

D.如果拟从控制测试中获取更高的保证程度，则应当扩大控制测试的范围

15.下列针对控制测试性质的说法中，错误的是（　　）。

A.分析程序可以有效测试控制运行的有效性

B.注册会计师通过询问不能为某项控制运行的有效性提供充分、适当的审计证据

C.观察提供的审计证据仅限于观察发生的时点，本身不足以测试整个财务报表涵盖
期间控制运行的有效性

D.对运行情况留有书面证据的控制检查非常适用

三、多项选择题

1.在实务中，注册会计师可以通过（　　）方式提高审计程序的不可预见性。

A.对某些未测试过的低于设定的重要性水平的账户余额和认定实施实质性程序

B.调整实施审计程序的时间

C.采取不同的审计抽样方法

D.选取不同的地点实施审计程序

2.控制测试的时间包含的含义有（　　）。

A.控制测试所花费的时间

B.控制测试在审计程序中所处的时间

C.何时实施控制测试

D.测试所针对的控制适用的时点或期间

3.如果控制环境存在缺陷，注册会计师在对拟实施审计程序的性质、时间和范围作出
总体修改时应当考虑的因素有（　　）。

A.在期中而非期末实施更多的审计程序

B.主要依赖控制测试获取审计证据

C.修改审计程序的性质，获取更具说服力的审计证据

D.扩大审计程序的范围

4.进一步审计程序的目的包括（　　）。

A.通过实施控制测试以确定内部控制运行的有效性

B.通过实施实质性程序以确定内部控制运行的有效性

C.通过实施控制测试以发现认定层次的重大错报

D.通过实施实质性程序以发现认定层次的重大错报

5.在确定进一步审计程序的范围时，注册会计师应当考虑的因素包括（　　）。

A.确定的重要性水平　　　　　　　　B.评估的重大错报风险

C.计划获取的保证程度　　　　　　　D.控制的有效性

6.实质性程序的性质是指实质性程序的类型及其组合。其包括的两种基本类型是（　　　）。

　　A.分析程序　　　　　　B.细节测试　　　　　C.重新执行　　　　　D.检查

7.注册会计师为应对控制环境的缺陷，可以采取的措施包括（　　　）。

　　A.通过实质性程序获取更广泛的审计证据

　　B.主要依赖实质性分析程序获取审计证据

　　C.增加拟纳入审计范围的经营地点的数量

　　D.在期中实施更多的审计程序

8.下列有关利用以前审计获取的有关控制运行有效性的审计证据的说法中，错误的有（　　　）。

　　A.如果拟信赖以前审计获取的有关控制运行有效性的审计证据，注册会计师应当通过询问程序获取这些控制是否已经发生变化的审计证据

　　B.如果拟信赖的控制在本期发生变化，注册会计师应当考虑以前审计获取的有关控制运行有效性的审计证据是否与本期审计相关

　　C.如果拟信赖的控制在本期未发生变化，注册会计师可以运用职业判断决定不在本期测试其运行的有效性

　　D.如果拟信赖的控制在本期未发生变化，控制应对的重大错报风险越高，本次控制测试与上次控制测试的时间间隔越短

9.下列情形中，注册会计师不应利用以前年度获取的有关控制运行有效的审计证据的有（　　　）。

　　A.注册会计师拟信赖旨在减轻特别风险的控制

　　B.控制在过去两年审计中未经测试

　　C.控制在本年发生重大变化

　　D.被审计单位的控制环境薄弱

10.下列与控制测试有关的表述中，正确的有（　　　）。

　　A.如果控制设计无效，则不进行控制测试

　　B.对特别风险，即使拟信赖的相关控制没有发生变化，也应当在本次审计中实施控制测试

　　C.如果在评估认定层次重大错报风险时预期控制的运行是有效的，则应当实施控制测试

　　D.如果认为仅实施实质性程序不足以提供认定层次充分、适当的证据，则应当实施控制测试

四、简答题

1.针对财务报表层次重大错报风险，注册会计师应采取哪些总体应对措施？

2.在实务中，注册会计师可以通过哪些方式来提高审计程序的不可预见性？

3.在确定进一步审计程序的性质时，注册会计师需要考虑哪些因素？

4.在确定进一步审计程序的范围时，注册会计师应当考虑哪些因素？

5.注册会计师在确定某项控制的测试范围时通常考虑的因素有哪些？

6. 控制测试的结论对实施实质性程序有哪些影响？

7. 什么是实质性程序？实施细节测试与实质性分析程序的目的是什么？

8. 注册会计师决定在期中实施控制测试，剩余时间补充测试内部控制时应当考虑的因素有哪些？

9. 注册会计师决定在期中实施实质性程序应当考虑的因素有哪些？

10. 注册会计师在确定实质性程序的范围时通常考虑的因素有哪些？

五、实务题

1. 注册会计师张乐是丙公司2023年度财务报表审计业务的项目合伙人。在审计计划阶段，注册会计师张乐需要了解丙公司及其环境、评估重大错报风险。相关情况如下：

（1）在确定了解丙公司及其环境的具体内容时，根据财务负责人介绍的具体情况，注册会计师张乐决定仅了解丙公司的内部控制。

（2）注册会计师张乐认为审计业务的对象是财务资料，不必对内部控制进行系统、全面的了解，所以只选择性地了解一些认为与丙公司的审计相关的内部控制。

（3）由于丙公司的风险评估过程未能识别注册会计师已经识别出的与财务报表相关的重大错报风险，注册会计师张乐认为丙公司的内部控制存在重大缺陷。

（4）为提高审计工作效率，注册会计师张乐在对内部控制进行了解的基础上，直接进行控制测试，并据以形成内部控制是否可以信赖的结论。

（5）注册会计师张乐根据丙公司在接近年末发生的管理层凌驾于管理费用相关的内部控制的情况，认为"管理费用"项目存在特别风险。

（6）对总体毛利率实施分析性程序的结果，初步显示销售成本存在重大错报，注册会计师张乐直接要求丙公司调整"营业收入"和"营业成本"项目。

要求：请分别考虑上述每一种情况，指出注册会计师张乐的观点或做法是否存在不当之处。如认为存在不当之处，请简要说明理由。

2. 关于如何针对重大错报风险增加审计程序不可预见性，审计人员小刘有以下看法：

（1）现场察看本期新增加的某类重要固定资产。

（2）使用计算机辅助审计技术复核本期所有销售及客户账户。

（3）函证确认销售条款。

（4）注册会计师应当在签订审计业务约定书时明确提出拟在审计过程中实施具有不可预见性的审计程序，并明确其具体内容。

（5）注册会计师采取相同的抽样方法使当年抽取的测试样本与以前有所不同，可以增加审计程序的不可预见性。

（6）注册会计师通过调整实施审计程序的时间，可以增加审计程序的不可预见性。

（7）注册会计师需要与被审计单位管理层事先沟通拟实施具有不可预见性的审计程序的要求，但不能告知其具体内容。

（8）多选几个月的银行存款余额调节表进行测试。

（9）针对销售和销售退回延长截止测试期间。

（10）向以前审计过程中接触不多的被审计单位员工（如采购、销售、生产人员等）

询问存货情况。

要求：审计人员小刘关于增加审计程序不可预见性的以上看法中，哪些恰当，哪些不恰当？若不恰当，请说明理由。

3.ABC会计师事务所负责审计甲公司2023年度财务报表。审计工作底稿中与内部控制相关的部分内容摘录如下：

（1）甲公司营业收入的发生认定存在特别风险。相关控制在2022年度审计中经测试运行有效。因这些控制本年未发生变化，审计项目组拟继续予以信赖，并依赖了上年审计获取的有关这些控制运行有效的审计证据。

（2）考虑到甲公司2023年固定资产的采购主要发生在下半年，审计项目组从下半年固定资产采购中选取样本实施控制测试

（3）甲公司与原材料采购批准相关的控制每日运行数次，审计项目组确定样本规模为25个，考虑到该控制自2023年7月1日起发生重大变化，审计项目组从上半年和下半年的交易中分别选取14个和16个样本实施控制测试。

（4）审计项目组对银行存款实施了实质性程序，未发现错报，因此认为甲公司与银行存款相关的内部控制运行有效。

（5）甲公司内部控制制度规定，财务经理每月应复核销售返利计算表，检查销售收入金额和返利比例是否准确，如有异常，应进行调查并处理，复核完成后签字存档。审计项目组选取了3个月的销售返利计算表，检查了财务经理的签字，认为该控制运行有效。

（6）审计项目组拟信赖与固定资产折旧计提相关的自动化应用控制。因该控制在2022年度审计中测试结果为满意，且在2023年未发生变化，审计项目组仅对信息技术一般控制实施测试。

要求：针对上述资料，逐项指出每个事项中审计项目组的做法是否恰当。如果不恰当，简要说明理由。

4.昌盛公司是诚信会计师事务所的常年审计客户，主要从事医疗器械设备的生产和销售。A类产品为大中型医疗器械设备，主要销往医院；B类产品为小型医疗器械设备，主要通过经销商销往药店。注册会计师张梅负责审计昌盛公司2023年度财务报表。

资料一：张梅在审计工作底稿中记录了所了解的昌盛公司的情况及其环境，部分内容摘录如下：

（1）2023年年初，昌盛公司在5个城市增设了销售服务处，使销售服务处的数量增加到11个，销售服务人员数量比上年年末增加50%。

（2）对于A类产品，昌盛公司负责将设备运送到医院并安装调试。医院验收合格后签署设备验收单。昌盛公司根据设备验收单确认销售收入。昌盛公司自2023年起向医院提供1个月的免费试用期，医院在试用期结束后签署设备验收单。

（3）由于市场上B类产品竞争激烈，昌盛公司在2023年年初将B类产品的价格平均下调10%。

（4）昌盛公司从2022年起推出针对经销商的返利计划，根据经销商已付款的采购额的3%到6%的比例，在年度终了后12个月内向经销商支付返利。昌盛公司未与经销商就返利计划签订书面协议，而由销售人员口头传达。

（5）2023年12月，一名已离职员工向昌盛公司董事会举报，称销售总监有虚报销售

费用的行为。昌盛公司已对此事展开调查，目前尚无结论。

（6）昌盛公司的生产设备使用的备件的购买和领用不频繁，但各类备件的种类繁多。为减轻年末存货盘点的工作量，昌盛公司管理层决定于 2023 年 11 月 30 日对备件进行盘点，其余存货在 2023 年 12 月 31 日进行盘点。

资料二：张梅在审计工作底稿中记录了所获取的昌盛公司的财务数据，部分内容摘录见表 6-1。

表6-1　　　　　　　　　　　　审计工作底稿（部分）　　　　　　　　金额单位：万元

项目	2023年年末末审数		2022年年末末审数	
	A类产品	B类产品	A类产品	B类产品
主营业务收入	6 800	6 300	4 500	6 000
减：销售返利	0	300	0	280
营业收入	6 800	6 000	4 500	5 720
营业成本	3 500	4 300	2 700	3 700
销售费用				
——员工薪酬	1 300		800	
——办公室租金	390		350	
利润总额	2 000		1 200	
应收账款	4 900		3 500	
坏账准备	(100)		(80)	
存货				
——发出商品	410		400	
——备件	290		330	
其他应付款				
——返利	420		280	
——租金	120		90	

资料三：张梅在审计工作底稿中记录了审计计划，部分内容摘录如下：

（1）2022 年度财务报表整体的重要性水平为利润总额的 5%，即 60 万元。考虑到本项目属于连续审计业务，以往年度审计调整少，风险较低，因此将 2023 年度财务报表整体的重要性水平确定为利润总额的 10%，即 200 万元。

（2）根据以往年度的审计结果，昌盛公司针对主要业务流程（包括销售与收款、采购与付款以及生产与存货）的内部控制是有效的，因此在 2023 年度审计中将继续采用综合性审计方案。

资料四：张梅在审计工作底稿中记录了拟实施的实质性程序，部分内容摘录如下：

（1）取得5个新设销售服务处的办公室租赁合同，连同以前年度获取的6个销售服务处的租赁合同，估算本年度的办公室租金费用。

（2）计算2023年度每月的毛利率，如果存在较大波动，向管理层询问波动原因。

（3）检查2022年度计提的销售返利的实际支付情况，并向管理层询问予以佐证，评估本年度计提的销售返利金额的合理性。

（4）从A类产品销售收入明细账中选取若干笔记录，检查销售合同、发票和设备验收单，确定记录的销售收入金额是否与合同和发票一致，收入确认的时点是否与合同约定的交易条款和设备验收单的日期相符。

（5）检查年末应收账款的账龄分析以及年内实际发生的坏账，评估坏账准备的合理性。

（6）分别在2023年11月30日和2023年12月31日对昌盛公司的存货盘点实施监盘。

要求：

（1）针对资料一（1）~（6）项，结合资料二，假定不考虑其他条件，逐项指出资料一所列事项是否可能表明存在重大错报风险。如果认为存在重大错报风险，简要说明理由，并说明该风险主要与哪些项目（仅限于营业收入、营业成本、销售费用、应收账款、坏账准备、存货和其他应付款）的哪些认定相关。

（2）指出资料三（1）和（2）项的审计计划是否适当，并简要说明理由。

（3）针对资料四（1）~（6）项的实质性程序，假定不考虑其他条件，逐项指出实质性程序与根据资料一（结合资料二）识别的重大错报风险是否直接相关。如果直接相关，指出对应的是识别哪一项重大错报风险，并简要说明理由。

第7章

获取审计证据

本章主要学习获取审计证据的基本审计方法、审计证据、审计工作底稿和审计抽样四方面内容。通过本章的学习，要熟悉获取审计证据的基本审计方法，初步了解和掌握审计抽样方法，并能够在审计实务中运用这些方法；要掌握审计证据的种类，熟悉审计证据收集、整理的基本理论和基本方法，掌握作为充分有效的审计证据应具有的基本特征；要熟悉形成审计工作底稿格式、内容和范围应考虑的因素，掌握编制审计工作底稿应包括的要素，掌握审计工作底稿的复核制度及审计工作底稿的归档等相关问题。

【本章岗课赛证融通训练】

一、判断题

1. 无论是顺查还是逆查，都要运用审阅法和核对法。　　　　　　　　　　　（　　）
2. 在财经法纪审计中，对现金和贵重的财产物资应采用直接盘存法进行突击性盘点。
　　　　　　　　　　　　　　　　　　　　　　　　　　　　　　　　　　（　　）
3. 重新计算法主要适用于检查会计记录的合计、小计、差额、积数、商数等是否正确。　　　　　　　　　　　　　　　　　　　　　　　　　　　　　　　（　　）
4. 抽查法适用于审查规模小、业务少的单位。　　　　　　　　　　　　　（　　）
5. 相对于细节测试而言，实质性分析程序能够达到的精确度可能受到种种限制，所提供的证据在很大程度上是间接证据，证明力相对较弱。　　　　　　　　　　（　　）
6. 消极式函证适用于内部控制差、会计核算质量差、金额重要、疑点多等情况。
　　　　　　　　　　　　　　　　　　　　　　　　　　　　　　　　　　（　　）
7. 在运用观察法时，相关人员已知被观察时，所从事活动或执行程序可能与日常的做法不同，但不会影响注册会计师对真实情况的了解。　　　　　　　　　　　（　　）
8. 实物证据不能完全证实实物资产归属于被审计单位，也不能完全证实实物资产价值

的正确性。 　　　　　　　　　　　　　　　　　　　　　　　　　　　（　　）

9.审计人员为证明某一事项而自己动手编制的分析表属于内部证据。（　　）

10.客观公正的审计意见必须建立在有足够数量的审计证据的基础上，因此，审计证据越多越好。 　　　　　　　　　　　　　　　　　　　　　　　　（　　）

11.若被审计单位内部控制设计完善，则所取得的内部证据就比较可靠。（　　）

12.外部证据是由审计人员以外的组织机构或人士所编制的书面证据，一般具有较强的证明力。 　　　　　　　　　　　　　　　　　　　　　　　　　　（　　）

13.口头证据是被审计单位职员对审计人员的提问进行口头答复所形成的一种证据。

　　　　　　　　　　　　　　　　　　　　　　　　　　　　　　　（　　）

14.审计人员可以将直接从被审计单位取得的有关法律文件、合同与章程等作为审计工作底稿。 　　　　　　　　　　　　　　　　　　　　　　　　　　（　　）

15.会计师事务所在任何情况下都不得泄露审计档案中涉及的商业秘密及有关内容。

　　　　　　　　　　　　　　　　　　　　　　　　　　　　　　　（　　）

16.审计人员在审计过程中收集的所有资料，均应列示在审计工作底稿中。（　　）

17.会计师事务所应当建立严格的审计工作底稿保密制度，并落实专人管理。（　　）

18.审计标识是审计人员为便于表达审计含义而采用的符号。 　　　　　（　　）

19.可容忍误差大，所需选取的样本量越大。 　　　　　　　　　　　　（　　）

20.系统选样方法要求总体是按一定规律进行排列的。 　　　　　　　　（　　）

21.属性抽样的最终任务是要在一定的可靠程度下，测定和估计总体差错率不超过某个水平。 　　　　　　　　　　　　　　　　　　　　　　　　　　　（　　）

22.变量抽样是通过对样本检查的结果，推断总体货币金额的统计抽样方法。（　　）

23.预期总体误差越大，所需的样本量就越多。 　　　　　　　　　　　（　　）

24.风险评估程序实施的范围较为广泛，且所获取的信息具有较强的主观色彩，因此通常不涉及使用审计抽样方法。 　　　　　　　　　　　　　　　　　（　　）

25.统计抽样法有很多优点，并解决了非统计抽样法难以解决的问题，因此统计抽样的产生意味着非统计抽样法的消亡。 　　　　　　　　　　　　　　　（　　）

二、单项选择题

1.在实际工作中，往往把审阅法与（　　）结合起来加以运用。

A.观察法　　　　　B.函证法　　　　　C.比较法　　　　　D.核对法

2.（　　）是指审计人员实地观察被审计单位的经营场所、实物资产、有关业务活动、内部控制的执行情况等，以获取审计证据的方法。

A.函证法　　　　　B.询问法　　　　　C.分析程序　　　　D.观察法

3.注册会计师利用被审计单位的银行存款日记账和银行对账单，重新编制银行存款余额调节表，并与被审计单位编制的银行存款余额调节表进行比较，运用的方法是（　　）。

A.重新执行　　　　B.分析程序　　　　C.重新计算　　　　D.观察法

4.（　　）是指在审查某个项目时，由于被审计单位结账日数据和审计日数据不一致，通过对有关数据进行增减调节，用来证实结账日数据账实是否一致的审计方法。

A.调节法　　　　　B.顺查法　　　　　C.详查法　　　　　D.核对法

5.审计人员通过监盘、观察等审计方法，可以获取（　　　）。

A.实物证据　　　　　B.书面证据　　　　　C.口头证据　　　　　D.环境证据

6.审计证据的相关性是指审计证据应与（　　　）相关。

A.审计目标　　　　　B.审计范围　　　　　C.审计事实　　　　　D.财务报表

7.审计人员获取书面证据而采取的审计程序是（　　　）。

A.监盘　　　　　　　B.观察　　　　　　　C.重新计算　　　　　D.询问

8.下列证据中，属于外部证据的是（　　　）。

A.被审计单位声明书　　　　　　　　　　B.被审计单位的会计记录

C.被审计单位提供的购货发票　　　　　　D.被审计单位提供的销货发票

9.下列证据中，既属于书面证据，又属于内部证据的是（　　　）。

A.存货盘点表　　　　　　　　　　　　　B.材料入库单

C.应收账款的回函　　　　　　　　　　　D.审计人员编制的账龄分析表

10.审计人员为明确被审计单位的会计责任而获取的下列证据中，属于无效的审计证据的是（　　　）。

A.律师声明书　　　　　　　　　　　　　B.管理建议书

C.审计业务约定书　　　　　　　　　　　D.管理当局声明书

11.下列各项中，与所需审计证据数量成正比例关系的是（　　　）。

A.可接受的检查风险　　　　　　　　　　B.管理当局的可信赖程度

C.具体审计项目的重要性　　　　　　　　D.审计人员的审计经验

12.审计人员获取审计证据时，（　　　）不应作为减少必要审计程序的理由。

A.审计人员数量的多少

B.审计效益的高低

C.审计成本的高低或获取审计证据的难易程度

D.审计效益的高低或获取审计证据的难易程度

13.审计风险与审计证据的数量关系是（　　　）。

A.审计人员对重大错报风险估计的水平越高，所需证据数量越多

B.审计人员对重大错报风险估计的水平越高，所需证据数量越少

C.审计人员对检查风险估计的水平越高，所需证据数量越多

D.以上都不对

14.审计工作底稿的所有权属于（　　　）。

A.被审计单位财务部门　　　　　　　　　B.被审计单位董事会

C.执行该项目的会计师事务所　　　　　　D.负责该项目的项目经理

15.下列各项中，属于永久性档案的是（　　　）。

A.被审计单位的组织结构　　　　　　　　B.审计报告

C.有关控制测试工作底稿　　　　　　　　D.有关实质性测试工作底稿

16.下列各项中，属于当期档案的是（　　　）。

A.审计业务约定书原件　　　　　　　　　B.有关设立、经营等文件的复印件

C.验资报告　　　　　　　　　　　　　　D.管理建议书

17.审计工作底稿的归档期限为（　　　）。

A.审计报告日后的60天内　　　　　　B.审计报告日后的30天内

C.审计业务中止后的30天内　　　　　D.财务报表日后的60天内

18.在统计抽样中，若其他条件不变，可信赖程度与样本量（　　）。

A.成正比例关系

B.成反比例关系

C.有时成正比例关系，有时则成反比例关系

D.两者没有关联

19.审计人员在进行细节测试时，应关注的抽样风险是（　　）。

A.信赖不足风险　　B.信赖过度风险　　C.误受风险　　D.非抽样风险

20.（　　）是一种用来对总体中某一事件发生率得出结论的统计抽样方法。其在审计中最常见的用途是测试某一设定控制的偏差率，以支持注册会计师评估的控制有效性。

A.属性抽样　　　B.变量抽样　　　　C.任意抽样　　　D.判断抽样

21.如果样本的可靠程度为95%，则样本的风险度为（　　）。

A.95%　　　　　　B.100%　　　　　　C.5%　　　　　　D.90%

22.统计抽样和非统计抽样相比，统计抽样的优点在于（　　）。

A.它能充分利用审计人员的经验和判断力

B.它所需要的样本量比较少，因而可以提高审计效率

C.它适用于会计资料比较齐全或总体较大的企业

D.它可以根据样本分布的规律计算抽样误差的范围，并通过调整样本量来控制抽样误差和风险

23.（　　）是指审计人员采用不恰当的审计程序或方法，或因误解审计证据等而未能发现重大误差的可能性。

A.非抽样风险　　　B.抽样风险　　　C.信赖不足风险　　D.误拒风险

24.（　　）是通过检查确定样本的平均值，再根据样本平均值推断总体的平均值和总值的方法。

A.均值估计抽样　　B.比率估计抽样　　C.差额估计抽样　　D.发现抽样

25.（　　）主要用于对审查项目正确值与账面值随项目变化并大致成比例变化的总体审查。

A.发现抽样　　　B.差额估计抽样　　C.均值估计抽样　　D.比率估计抽样

三、多项选择题

1.下列属于证实客观事物的审计方法有（　　）。

A.询问及函证法　　　　　　　　　　B.检查有形资产法

C.观察法　　　　　　　　　　　　　D.审阅法

2.采用核对法，核对的主要内容包括（　　）。

A.证证核对　　　　B.账证核对　　　C.账实核对　　　　D.账账核对

3.审查书面资料的方法按审查书面资料所涉及的数量可分为（　　）。

A.逆查法　　　　　　B.详查法　　　　　　C.抽查法

D.顺查法　　　　　　E.分析法

4.审查书面资料的审查对象主要有（　　　）。

A.经营方针　　　　　　　　B.会计凭证　　　　　　　　C.经济政策

D.会计账簿　　　　　　　　E.财务报表

5.调节法常用于（　　　）。

A.对未达账项的调节　　　　　　　　B.实物性能、质量、价值的鉴定

C.对财产物资的调节　　　　　　　　D.了解企业内部控制的执行情况

6.观察法是指审计人员实地观察被审计单位的（　　　），以获取审计证据。

A.实物资产　　　　　　　　　　　　B.经营场所

C.有关业务活动　　　　　　　　　　D.内部控制的执行情况

7.审计证据按相互关系可分为（　　　）。

A.基本证据　　　　　　B.佐证证据　　　　　C.矛盾证据　　　　D.直接证据

8.在存在（　　　）的情况下，审计人员需要收集更多的审计证据。

A.重要的审计项目　　　　　　　　　B.控制风险较高

C.审计过程中发现存在错误行为　　　D.审计证据的相关与可靠程度较低

9.下列各项中，属于环境证据的有（　　　）。

A.企业内部控制情况

B.被审计单位管理人员的素质

C.被审计单位各种管理条件和管理水平

D.被审计单位管理当局的声明书

10.审计人员判断审计证据是否充分、适当，应考虑的主要因素有（　　　）。

A.审计的成本与效益　　　　　　　　B.审计项目的重要性

C.审计人员的审计经验　　　　　　　D.审计证据的类型

11.审计人员对审计证据进行分析整理时，应重点注意（　　　）。

A.审计证据的相关性　　　　　　　　B.排除伪证

C.对证据进行适当分类　　　　　　　D.分清事实的现象与本质

12.下列各项中，属于永久性档案的有（　　　）。

A.被审计单位背景资料　　　　　　　B.审计完成阶段工作底稿

C.法律事项资料　　　　　　　　　　D.审计计划阶段工作底稿

13.项目组内部复核的内容包括（　　　）。

A.审计程序的目标是否实现

B.获取的审计证据是否充分、适当

C.重大事项是否已提请进一步考虑

D.审计工作是否已按照法律法规、职业道德规范和审计准则的规定执行

14.项目质量控制复核与项目组内部复核在内容和目的等方面具有一定的相似性，但也存在（　　　）的区别。

A.复核主体不同　　　　　　　　　　B.复核对象不同

C.复核要求不同　　　　　　　　　　D.复核范围不同

15.下列各项中，属于当期档案的有（　　　）。

A.总体审计策略和具体审计计划　　　B.预备会会议纪要

C.与治理层的沟通和报告　　　　　　　　D.审计工作完成核对表

16.确定审计工作底稿的格式、内容和范围时应考虑的因素包括（　　）。

A.实施审计程序的性质　　　　　　　　B.已识别的重大错报风险

C.已获取审计证据的重要程度　　　　　　D.已识别的例外事项的性质和范围

17.审计工作底稿复核的要求是（　　）。

A.做好复核记录

B.书面表示复核意见

C.复核人签名和签署日期，以划清审计责任

D.督促编制人及时修改和完善审计工作底稿

18.项目质量控制复核的范围具体包括（　　）。

A.项目组作出的重大判断

B.项目组准备审计报告时得出的结论

C.审计程序的目标是否实现

D.是否需要修改已执行审计工作的性质、时间和范围

19.审计工作底稿的保存年限是（　　）。

A.自审计报告日起至少保存10年　　　　B.自审计业务中止日起至少保存10年

C.自审计报告日起至少保存20年　　　　D.自审计业务中止日起至少保存20年

20.在归档期内，注册会计师可以针对以下事务性工作中的（　　），对审计工作底稿作出变动。

A.删除或废弃被取代的审计工作底稿

B.对审计工作底稿进行分类、整理和交叉索引

C.对审计档案归整工作的完成核对表签字认可

D.修改或增加审计工作底稿的具体理由

21.审计人员在确定审计对象总体时，应保证其（　　）。

A.相关性　　　　　　B.完整性　　　　　　C.充分性　　　　　　D.适当性

22.（　　）属于保守型风险，一般会导致审计人员执行额外的审计程序，降低审计效率。

A.信赖不足风险　　　B.信赖过度风险　　　C.误拒风险　　　　D.误受风险

23.对总体进行分层时，必须注意（　　）。

A.总体中的每一个抽样单位必须属于某一个层次，并且只属于这一层次

B.必须有事先确定的、有形的、具体的差别或标准来明确区分不同的层次

C.必须能够事先确定每一层次中抽样单位的准确数字

D.审计人员可以利用分层，着重审计可能存在较大错误的项目，并减少样本量

24.非抽样风险并非抽样所致，而是由其他因素引起的。其原因主要有（　　）。

A.人为错误　　　　　　　　　　　　　B.运用不符合审计目标的审计程序

C.错误解释样本结果　　　　　　　　　D.以上均不正确

25.（　　）的高低与抽取样本的多少成正比例的关系。

A.可靠程度　　　　　B.可容忍误差　　　　C.预计总体误差　　　D.抽样误差

四、简答题

1. 简述顺查法、逆查法的特征和优缺点。

2. 在收集审计证据时如何运用询问方法？

3. 函证的方式主要有哪两种？

4. 简述注册会计师实施分析程序的目的。

5. 实物证据、书面证据、口头证据和环境证据分别可实现哪些审计目标？

6. 简述审计证据的充分性与适当性之间的关系。

7. 如何判断审计证据的可靠性？

8. 整理和分析审计证据时，应遵循哪些基本原则？

9. 说明审计工作底稿的基本要素。

10. 如何理解编制审计工作底稿的总体要求？

11. 审计工作底稿归档后能否发生变动？

12. 审计工作底稿的所有权为什么属于会计师事务所？客户能否索回与其内部情况有关的工作底稿？

13. 什么是统计抽样和非统计抽样？各有哪些利弊？

14. 审计人员拟实施的审计程序将对运用审计抽样产生重要影响。为什么说有些审计程序可以使用审计抽样，有些审计程序则不宜使用审计抽样？

15. 样本选取的方法有哪些？各适用于什么情况？

16. 评价抽样结果的一般程序是什么？

五、实务题

1. 注册会计师张梅在对昌盛公司存货项目的相关内部控制进行研究评价之后，发现昌盛公司存在以下六种可能导致错误的情况：

（1）所有存货都未经认真盘点；

（2）接近资产负债表日前入库的产成品可能已记入"存货"项目，但可能未进行相关会计记录；

（3）由斯通公司代管的 A 材料可能并不存在；

（4）斯通公司存放于昌盛公司仓库内的 B 材料可能已记入昌盛公司"存货"项目；

（5）存货计价方法已作变更；

（6）昌盛公司以前年度未曾接受过审计。

要求：

（1）为证实上述情况是否真正导致错误，张梅应当分别执行的最主要的实质性程序是什么？

（2）张梅执行的实质性程序能够实现哪些审计目标？

（3）张梅执行各项实质性程序所获取的审计证据，按形式特征可分为哪些种类？

2. 审计人员刘云对 W 公司 2023 年度财务报表进行审计。经初步了解，W 公司 2023 年度与 2022 年度产销形式相当，2023 年度的经营形式、管理和经营机构与 2022 年度比较也未发生重大变化，且未发生重大重组行为。审计人员获取 W 公司营业收入与营业成本的数据见表 7-1、表 7-2。

表7-1　　　　　　　　　　**W公司的营业收入与营业成本**　　　　　金额单位：万元

产品	营业收入		营业成本	
	2022年	2023年	2022年	2023年
甲产品	5 000	6 000	4 000	3 500
乙产品	2 400	2 500	1 800	1 850
合计	7 400	8 500	5 800	5 350

表7-2　　　　　　　　　**W公司2023年度各季度营业收入**　　　　　金额单位：万元

项目	第1季度	第2季度	第3季度	第4季度
甲产品营业收入	1 250	1 200	1 200	2 350
乙产品营业收入	600	550	580	770

要求：请针对以上资料，运用分析程序（比较分析法、比率分析法），判断W公司营业收入、营业成本可能存在的重大错报风险。

3.金河公司的材料采用计划成本核算。审计人员在审查"生产成本"、"原材料"和"材料成本差异"明细账时，发现甲材料10月初材料成本差异为借方余额5 400元，库存材料计划成本为150 000元。10月份购入甲材料的计划成本为1 200 000元，其实际成本为1 178 400元。10月份基本生产车间耗用甲材料的计划成本为240 000元，结转耗用材料的实际成本为244 800元。

要求：分析金河公司材料成本结转是否正确。

4.下列几组不同类型的审计证据的可靠性存在一定的差异：

（1）银行询证回函与银行对账单。

（2）注册会计师通过自行计算折旧额所取得的证据与被审计单位的累计折旧明细账。

（3）销售发票副本与产品出库单。

（4）律师询证函回函与注册会计师和律师交谈取得的证据。

（5）内部控制良好时形成的领料单与内部控制较差时形成的领料单。

（6）存货盘点表与存货监盘记录。

要求：比较上述每一组证据中哪个类型的证据更可靠。

5.在注册会计师协会组织的对会计师事务所审计工作底稿质量检查中，检查人员发现昌盛公司2023年度财务报表审计工作底稿存在如下问题：

（1）审计工作底稿杂乱，底稿中没有交叉索引；

（2）现金盘点数与账面记录相差34.5元，没有进一步的说明或补充证据；

（3）应收账款回函约30份装订在一起，没有"应收账款回函汇总表"，且对于回函不相符者，没有补充审计说明或补充审计证据；

（4）"无形资产审定表"中确认"无形资产——××药品批号"320万元，但在无形资产审定表后面所附的该药品批号文件显示该药品批号归昌盛公司的母公司——荣华公司所有；

（5）审计工作底稿形成中重视数据、资料的归集，缺少审计人员审计轨迹和专业判断的记录。

于是，检查人员认为该项目负责人的项目组内部复核没有真正实施，但项目负责人认为"他们已经在每一份底稿中签名，实施了项目组内部有经验的人员、项目负责人的复核"。

要求：指出检查人员是否有理由认为该项目负责人的项目组内部复核没有真正实施。

6.2024 年 2 月 15 日，诚信会计师事务所的 A 注册会计师完成对甲公司 2023 年度财务报表的审计业务，于 5 月 15 日将审计工作底稿归整为审计档案，于 5 月 18 日私下又对其进行了修改。5 月 20 日，甲公司舞弊案爆发，A 注册会计师擅自销毁了甲公司审计工作底稿。

要求：

（1）分析 A 注册会计师在归整审计档案时是否存在问题，并简要说明理由。

（2）分析在归整审计档案后，A 注册会计师私下修改审计工作底稿是否存在问题，并简要说明理由。

（3）分析诚信会计师事务所在保存审计工作底稿方面是否存在问题，简要说明理由，并简要说明诚信会计师事务所应当对审计工作底稿实施哪些控制程序。

7.假定被审计单位应收账款明细账所附原始凭证销售发票的编号为 0001 至 3500，注册会计师拟选择其中 350 份进行函证。随机数表（部分）见表 7-3。

表7-3　　　　　　　　　　　随机数表（部分）

	1	2	3	5	6
1	04734	39426	91035	54939	76873
2	10417	19688	83404	42038	48226
3	07514	48374	35658	38971	53779
4	52305	86925	16223	25946	90222
5	96357	11486	30102	82679	57983
6	92870	05921	65698	27993	86406
7	00500	75924	38803	05286	10072
8	34826	93784	52709	15370	96727

要求：

（1）如利用随机数表（表 7-3 为该表的开始部分），从第 2 行第 1 个数字起，自左往右，以各数的后四位数为准，指出注册会计师选择的最初 5 个样本的号码分别是哪些。

（2）如采用系统抽样法，并确定随机起点为 0005，指出注册会计师选择的最初 5 个样本的号码分别是哪些。

8.注册会计师张梅是昌盛公司 2023 年度财务报表审计业务的项目负责人。根据评估的重大错报风险，注册会计师决定针对"应收账款"项目的计价和分摊目标实施传统变量抽样，以确认财务报表上列示的应收账款是否存在高估或低估。张梅确定的"应收账款"项目的可容忍错报为 21 000 元。由于预计只存在少量审计差异，确定的预计总体错报为

0。昌盛公司应收账款按照账龄分析法计提坏账准备。其他相关情况如下：

（1）张梅认为，只有传统变量抽样才能同时量化、控制误拒风险和误受风险，因为非统计变量抽样无法量化控制风险，因而 PPS 抽样不需要特别控制误拒风险。

（2）张梅将昌盛公司 2023 年 12 月 31 日应收账款明细表中列示的全部应收账款定义为抽样总体，而将该明细表中涉及的每个客户定义为抽样单元。

（3）在确定样本规模时，为在确保审计效果的前提下提高审计效率，并考虑到风险后果的严重性，张梅确定的可接受的误受风险为 10%，误拒风险为 5%。

（4）为实现计价和分摊目标，张梅计划对抽取的抽样单元实施积极方式的函证程序，并针对无法收回回函等特殊情况计划了替代审计程序。

（5）对样本实施审计程序后，确认的样本审定金额与样本账面金额非常接近。张梅据此认为在推断总体错报点估计时采用差额估计抽样法比比率估计抽样法更为适宜。

（6）因为计算的总体错报上、下限均落入了正负可容忍错报范围内，尽管该上限值与可容忍错报金额很接近，张梅仍然作出了接受总体的结论。

要求：请分别考虑上述每一种情况，指出注册会计师张梅的决策或做法是否存在不当之处。如认为存在不当之处，请简要说明理由。

9.审计人员王华通过对被审计单位销售环节内部控制的了解，将可容忍的偏差率规定为 7%（即销售环节的内部控制如果出现 7% 的偏差是可以容忍的）。

在实施销售环节的内部控制测试时，假定分别出现以下两种情况：第一种，王华在 100 个测试样本中发现了 2 个偏差，实际上总体偏差率为 8%。第二种，王华在 100 个测试样本中发现了 8 个偏差，而实际上总体的偏差率为 2%。

要求：分别针对上述两种抽样结果，王华应如何评价销售环节内部控制的有效性？王华面临何种抽样风险？对审计效率、审计效果有何影响？

10.注册会计师张梅负责审计昌盛公司 2023 年度财务报表。在了解昌盛公司内部控制后，张梅决定采用审计抽样的方法对拟信赖的内部控制进行测试，部分做法摘录如下：

（1）为测试 2023 年度信用审核控制是否有效运行，将 2023 年 1 月 1 日至 11 月 30 日期间的所有销售单界定为测试总体。

（2）为测试 2023 年度采购付款凭证审批控制是否有效运行，将采购凭证缺乏审批人员签字或虽有签字但未按制度审批界定为控制偏差。

（3）在使用随机数表选取样本项目时，由于所选中的 1 张凭证已经丢失，无法测试，直接用随机数表另选 1 张凭证代替。

（4）在对存货验收控制进行测试时，确定样本规模为 60，测试后发现 3 例偏差。在此情况下，推断 2023 年度该项控制总体偏差率的最佳点估计为 5%。

（5）在上述第（4）项的基础上，张梅确定信赖过度风险为 5%，可容忍偏差率为 7%。由于存货验收控制的总体偏差率的最佳点估计不超过可容忍偏差率，认定该项控制运行有效（注：信赖过度风险为 5% 时，样本中发现偏差数"3"对应的控制测试风险系数为 7.8）。

要求：请分别考虑上述每一种情况，指出注册会计师的做法是否正确。如不正确，请简要说明理由。

第8章

出具审计报告

审计报告作为审计实务最终成果的体现，是审计程序的终结和重点。审计报告是注册会计师通过实施充分的审计程序，收集充分、适当的审计证据，在评价财务报告的合法性和公允性的基础上得出审计结论，增加了信息使用者对财务报表的信赖程度。本章主要学习审计报告的基本概念、作用、分类、基本内容、各类审计报告的适用条件以及相应表述形式。通过本章的学习，要求学生理解如何正确评价财务报告的合法性和公允性，明确不同审计意见类型审计报告的适用条件，熟悉不同审计报告的基本内容和正确表述形式。在本章知识学习的基础上，熟练掌握不同情形下各类审计报告的表述方法和编制技术。

【本章岗课赛证融通训练】

一、判断题

1. 审计报告是注册会计师在完成审计工作后向委托（委派）人递交的最终产品。
（ ）

2. 注册会计师对被审计单位财务报表审计，发表的审计意见，具有鉴证作用，政府及有关部门和社会公众可以据其意见作出相应决策。
（ ）

3. 注册会计师应当根据审计证据得出结论，在审计报告中清楚地表达对财务报表的意见；注册会计师一旦在审计报告上签名并盖章，就表明对其出具的审计报告负责。
（ ）

4. 注册会计师签署审计报告的日期通常与管理层签署已审计财务报表的日期为同一天，也可以早于管理层签署已审计财务报表的日期。
（ ）

5. 公布的审计报告是指公之于世，供社会大众阅读，不具有保密性的审计报告。这种审计报告都附有被审计单位的财务报表，以供企业股东、投资者、债权人等阅读。
（ ）

6. 在对财务报表形成审计意见时，注册会计师应当根据已获取的审计证据，评价是否已对财务报表不存在重大错报获取绝对保证。　　　　　　　　　　　（　　）

7. 如果无法获取充分、适当的审计证据以作为形成意见的基础，但认为未发现的错报对财务报表可能产生的影响重大且具有广泛性，应发表否定意见。　　　（　　）

8. 无保留意见意味着注册会计师认为被审计单位财务报表的编制符合合法性和公允性的要求，财务报表不存在重大错报。　　　　　　　　　　　　　　　　（　　）

9. 注册会计师审计后认为，被审计单位财务报表存在应调整而被审计单位未予调整的重要事项，则注册会计师只能发表保留意见。　　　　　　　　　　　（　　）

10. 当存在可能导致对持续经营能力产生重大疑虑的事项或情况，但不影响已发表的审计意见时，注册会计师应当在审计意见段之后增加强调事项段对此予以强调。（　　）

11. 强调事项段不仅用于提醒财务报表使用者关注，而且影响已发表的审计意见。
　　　　　　　　　　　　　　　　　　　　　　　　　　　　　　　　　（　　）

12. 书面声明是指管理层向注册会计师提供的书面陈述，用以确认某些事项或支持其他审计证据。　　　　　　　　　　　　　　　　　　　　　　　　　　　（　　）

13. 尽管书面声明提供必要的审计证据，但其本身并不为所涉及的任何事项提供充分、适当的审计证据。　　　　　　　　　　　　　　　　　　　　　　　　（　　）

14. 书面声明的日期应当尽量接近对财务报表出具审计报告的日期，也可以在审计报告日后。　　　　　　　　　　　　　　　　　　　　　　　　　　　　　（　　）

15. 审计报告日不应早于注册会计师获取充分、适当的审计证据，并在此基础上对财务报表形成审计意见的日期。　　　　　　　　　　　　　　　　　　　　（　　）

二、单项选择题

1. 注册会计师签发的审计报告，不具有（　　　）。
A. 鉴证作用　　　　　B. 保护作用　　　　　C. 证明作用　　　　　D. 促进作用

2. 下列选项中，不属于审计报告要素的是（　　　）。
A. 形成审计意见的基础　　　　　　　B. 审计报告后附的财务报表和附注
C. 注册会计师对财务报表的责任　　　D. 管理层对财务报表的责任

3. 关于审计报告日，以下说法中，错误的是（　　　）。
A. 注册会计师在正式签署审计报告前，通常把审计报告草稿和已审计财务报表草稿一同提交给管理层
B. 如果管理层批准并签署已审计财务报表，注册会计师即可签署审计报告
C. 审计报告日是划分财务报表日后不同时段的关键时点
D. 注册会计师签署审计报告的日期通常与管理层签署已审计财务报表的日期为同一天，或早于管理层签署已审计财务报表的日期

4. 在获取充分、适当的审计证据后，如果认为错报单独或汇总起来对财务报表影响重大，且具有广泛性时，注册会计师应当出具（　　　）审计报告。
A. 无保留意见　　　B. 保留意见　　　C. 否定意见　　　D. 无法表示意见

5. 某注册会计师在编写审计报告时，在审计意见段中使用了"除……段所述事项产生的影响外"的术语，这种审计报告是（　　　）。

A.无保留意见审计报告　　　　　　　B.保留意见审计报告

C.否定意见审计报告　　　　　　　　D.无法表示意见审计报告

6.某注册会计师在编写审计报告时，在审计意见段中使用了"由于……段所述事项的重要性，我们无法获取充分、适当的审计证据以为发表审计意见提供基础"的术语，这种审计报告是（　　　）。

A.无保留意见审计报告　　　　　　　B.保留意见审计报告

C.否定意见审计报告　　　　　　　　D.无法表示意见审计报告

E.带强调事项段的无保留意见审计报告

7.某注册会计师在编写审计报告时，在审计意见段中使用了"由于……段所述事项的重要性，××公司财务报表没有在所有重大方面按照企业会计准则的规定编制"的术语，这种审计报告是（　　　）。

A.无保留意见审计报告　　　　　　　B.保留意见审计报告

C.否定意见审计报告　　　　　　　　D.无法表示意见审计报告

E.带强调事项段的无保留意见审计报告

8.下列关于注册会计师在审计报告中沟通关键审计事项的作用的说法，不正确的是（　　　）。

A.沟通关键审计事项能够帮助财务报表预期使用者了解被审计单位

B.沟通关键审计事项能够帮助注册会计师了解已审计财务报表中涉及重大管理层判断的领域

C.沟通关键审计事项能够为财务报表预期使用者就与已执行审计工作相关的事项进一步与管理层和治理层沟通提供基础

D.沟通关键审计事项能够为财务报表预期使用者提供额外的信息，以帮助其了解注册会计师根据职业判断认为对本期财务报表审计最为重要的事项

9.如果对影响财务报表的重大事项无法实施必要的审计程序，在不考虑其他因素的情况下，注册会计师应当（　　　）。

A.发表无保留意见　　　　　　　　　B.发表保留意见或否定意见

C.发表保留意见或无法表示意见　　　D.发表带强调事项段的无保留意见

10.某位注册会计师在编写审计报告时，在审计意见段后增加了提请财务报表使用者关注事项，但不影响已发表的审计意见。这种审计报告是（　　　）。

A.带强调事项段的审计报告　　　　　B.保留意见审计报告

C.否定意见审计报告　　　　　　　　D.无法表示意见审计报告

11.被审计单位财务报表中存在重大错报，错报虽然重大但不具有广泛性，注册会计师应出具（　　　）。

A.无保留意见审计报告　　　　　　　B.保留意见审计报告

C.否定意见审计报告　　　　　　　　D.无法表示意见审计报告

12.注册会计师对被审计单位财务报表中的某事项无法获取充分、适当的审计证据，虽然重大但不具有广泛性，注册会计师应出具（　　　）。

A.否定意见审计报告　　　　　　　　B.无法表示意见审计报告

C.保留意见审计报告　　　　　　　　D.无保留意见审计报告

13.假定没有审计范围受限制等情况，被审计单位财务报表中存在错报，但小于注册会计师最终确定的财务报表整体重要性水平，注册会计师应出具（　　　）。

A.无保留意见审计报告　　　　　　　B.无法表示意见审计报告

C.保留意见审计报告　　　　　　　　D.否定意见审计报告

14.被审计单位财务报表的重大错报可能来源于财务报表披露的恰当性或充分性，具体情形不包括（　　　）。

A.选择的会计政策与适用的财务报告编制基础不一致

B.财务报表的披露没有按照适用的财务报告编制基础列报

C.财务报表没有包括适用的财务报告编制基础要求的所有披露

D.财务报表没有作出必要的披露以实现公允反映

15.被审计单位财务报表重大错报来源于管理层没有按照适用的财务报告编制基础的要求一贯运用所选择的会计政策，包括管理层未在不同会计期间或对相似的交易和事项一贯运用所选择的会计政策（运用的一致性），属于下列（　　　）重大错报来源情形。

A.选择的会计政策恰当性

B.对所选择的会计政策的运用

C.财务报表披露的恰当性

D.财务报表披露的充分性

三、多项选择题

1.在进行审计意见类型的决策时，注册会计师要考虑的三个层面是（　　　）。

A.是否获取了充分、适当的审计证据

B.财务报表存在的错报（或者在无法获取充分、适当的审计证据的情况下，财务报表可能存在的错报）是否重大

C.重大错报（或可能重大错报）对财务报表产生（或可能产生）影响的广泛性

D.被审计单位管理层是否诚信

2.审计报告的审计意见段应当说明被审计单位的名称和财务报表已经过审计，并（　　　）。

A.指出构成整套财务报表的每张财务报表的名称

B.提及财务报表附注

C.指明财务报表的日期和涵盖的期间

D.提及财务报表附表的具体名称

3.注册会计师出具无保留意见审计报告应当符合的条件有（　　　）。

A.财务报表已经在所有重大方面按照适用的财务报告编制基础的规定编制，并实现公允反映

B.注册会计师已经按照审计准则的规定执行了审计工作，取得了充分、适当的审计证据

C.未更正错报单独或汇总起来不构成重大错报

D.不存在应调整或披露而被审计单位未予调整或披露的重要事项

4.下列各项错报中，通常对财务报表具有广泛影响的有（　　　）。

A. 被审计单位没有披露关键管理人员薪酬

B. 信息系统缺陷导致的应收账款、存货等多个财务报表项目的错报

C. 被审计单位没有将年内收购的一家重要公司纳入合并范围

D. 被审计单位没有按照成本与可变现净值孰低原则对存货进行计量

5. 如果财务报表没有实现公允反映，注册会计师可能出具（　　　）。

A. 无保留意见的审计报告　　　　　　　　　B. 保留意见审计报告

C. 否定意见审计报告　　　　　　　　　　　D. 无法表示意见审计报告

6. 如果审计范围受到重大限制，注册会计师出具的审计报告可能为（　　　）。

A. 无保留意见的审计报告　　　　　　　　　B. 保留意见的审计报告

C. 否定意见的审计报告　　　　　　　　　　D. 无法表示意见的审计报告

7. 下列措辞中，应当出现在保留意见审计报告中的有（　　　）。

A. "除……的影响外"

B. "由于上述问题造成的重大影响"

C. "公允反映了……"

D. 后附的财务报表在所有重大方面按照企业会计准则的规定编制

8. 下列措辞中，应当出现在否定意见审计报告中的有（　　　）。

A. "除……的影响外"

B. "由于……所述事项的重要性"

C. "公允反映了……"

D. 后附的财务报表没有在所有重大方面按照企业会计准则的规定编制

9. 就关键审计事项而言，注册会计师应当与治理层沟通的有（　　　）。

A. 关键审计事项与强调事项的区别

B. 注册会计师确定的关键审计事项

C. 根据被审计单位和审计业务的具体事实和情况，注册会计师确定不存在需要在审计报告中沟通的关键审计事项（如适用）

D. 注册会计师确定的在执行审计工作时重点关注过的事项

10. 如果在审计报告中包含强调事项段，注册会计师应当（　　　）。

A. 指出审计意见没有因该强调事项而改变

B. 对财务报表附注中的内容进行补充披露

C. 将强调事项作为单独的一部分置于审计报告中，并使用包含"强调事项"这一术语的适当标题

D. 明确提及被强调事项以及相关披露的位置，以便能够在财务报表中找到对该事项的详细描述

11. 对于注册会计师审计过程中遇到审计范围受到限制，下列属于与注册会计师工作的性质或时间安排有关的情形是（　　　）。

A. 注册会计师接受审计委托的时间安排，使注册会计师无法实施存货监盘

B. 被审计单位的会计记录已被毁坏

C. 被审计单位需要使用权益法对联营企业进行核算，注册会计师无法获取有关联营企业财务信息的充分、适当的审计证据以评价是否恰当运用了权益法

D.注册会计师确定仅实施实质性程序是不充分的，但被审计单位的控制是无效的

12.对于注册会计师审计过程中遇到审计范围受到限制，下列属于管理层施加限制的情形是（　　）。

A.重要组成部分的会计记录已被政府有关机构无限期地查封

B.管理层阻止注册会计师实施存货监盘

C.管理层阻止注册会计师对特定账户余额实施函证

D.注册会计师确定仅实施实质性程序是不充分的，但被审计单位的控制是无效的

四、简答题

1.编写审计报告前的工作有哪些？

2.如何理解审计报告的含义？审计报告有哪些种类？

3.简述审计报告的作用。

4.无保留意见审计报告的基本内容有哪些？

5.出具无保留意见审计报告应符合哪些条件？

6.非无保留意见审计报告包括哪几种意见？出具的意义是什么？

7.出现什么情形需要在审计报告中增加强调事项段？

8.出具保留意见审计报告应符合哪些条件？

9.出具否定意见审计报告应符合哪些条件？

10.保留意见审计报告、否定意见审计报告中的专业术语分别是什么？

11.出具无法表示意见审计报告应符合哪些条件？

五、实务题

1.ABC会计师事务所的刘荣和赵华两位注册会计师对甲股份有限公司2023年度的财务报表进行审计，最终确定的财务报表层次重要性水平为60万元。完成全部审计工作取证的日期是2024年1月30日，并于2024年2月6日递交审计报告。审计人员在审计过程中实施了所有必要的审计程序，审计范围未受到任何限制。经查实，注册会计师在审计过程中发现的事实错报、推断错报总计15万元，注册会计师建议调整，但被审计单位拒绝进行调整。

要求：

（1）请问注册会计师应发表哪种意见类型的审计报告？简要说明理由。

（2）请代注册会计师编制一份恰当意见的审计报告（填写下面审计报告的空白处）

背景信息：（略）

审计报告

_____：

一、对财务报表出具的审计报告

（一）_____意见

（二）形成＿＿＿＿＿意见的基础

（三）关键审计事项（略）

（四）管理层和治理层对财务报表的责任（略）

（五）注册会计师对财务报表审计的责任（略）

二、按照相关法律法规的要求报告的事项（略）

ABC 会计师事务所　　　　　　　　　中国注册会计师：

　（盖章）　　　　　　　　　　　　　（签名并盖章）

　中国××市　　　　　　　　　　　　中国注册会计师：

　　　　　　　　　　　　　　　　　　（签名并盖章）

　　　　　　　　　　　　　　＿＿＿＿年＿＿＿月＿＿＿日

2.ABC 会计师事务所刘荣注册会计师担任多家被审计单位 2023 年度财务报表审计的项目合伙人，遇到下列导致出具非标准审计报告的事项：

（1）甲公司为 ABC 会计师事务所 2023 年度新承接的客户。前任注册会计师由于未就 2021 年 12 月 31 日存货余额获取充分、适当的审计证据，对甲公司 2022 年度财务报表发表了保留意见。审计项目组认为，导致保留意见的事项对本期数据本身没有影响。

（2）乙公司管理层对固定资产实施减值测试，按照未来现金流量现值与固定资产账面净值的差额确认了重大减值损失。管理层无法提供相关信息以支持现金流量预测中假设的未来 5 年的营业收入，审计项目组也无法作出估计。

（3）2023 年 10 月，上市公司丙公司因涉嫌信息披露违规被证券监管机构立案稽查。截至审计报告日，尚无稽查结论。管理层在财务报表附注中披露了上述事项。

（4）丁公司于 2023 年 9 月起停止经营活动。董事会拟于 2024 年内清算丁公司。2023 年 12 月 31 日，丁公司账面资产余额主要为货币资金、其他应收款以及办公家具等固定资产，账面负债余额主要为其他应付款和应付职工薪酬。管理层认为，如采用非持续经营编制基础，对上述资产和负债的计量并无重大影响，因此，仍以持续经营假设编制 2023 年度财务报表，并在财务报表附注中披露了清算计划。

（5）2023 年 1 月 1 日，戊公司通过收购取得子公司庚公司。由于庚公司账目混乱，公司管理层决定在编制 2023 年度合并财务报表时不将其纳入合并范围。庚公司 2023 年度的营业收入和税前利润约占戊公司未审计合并财务报表相应项目的 30%。

要求：针对上述第（1）至（5）项，假定不考虑其他条件，逐项指出刘荣注册会计师应当出具何种类型的审计报告，并简要说明理由。

3.请根据所学判断非无保留意见审计报告的依据，填写表 8-1。

表8-1 　　　　　　　　　　　　判断非无保留意见审计报告的依据

意见类型	判断意见类型的依据
保留意见	
否定意见	
无法表示意见	

4.ABC会计师事务所的刘荣和赵华两位注册会计师对乙股份有限公司（以下简称"乙公司"）2023年度的财务报表进行了审计，认为：乙公司财务报表已经在所有重大方面按照适用的财务报告编制基础的规定编制，并实现公允反映；未更正错报单独或汇总起来不构成重大错报，不存在应调整或披露而被审计单位未予调整或披露的重要事项；审计过程中审计范围未受到限制。两位注册会计师已经按照中国注册会计师审计准则的规定计划和执行审计工作，取得了充分、适当的审计证据。

此外，审计人员注意到在该公司财务报表附注"四、2"中披露：公司自剥离××业务以来，克服资金、资源等方面的客观困难，积极探索、开拓相关贸易业务，但盈利能力较弱，尚处于形成稳定盈利模式的转型期，公司现有经营业务的持续性存在较大的不确定性。乙公司已在财务报表附注"四、2"中充分披露了可能导致对持续经营能力产生重大疑虑的主要情况或事项，以及公司管理层针对这些事项和情况的应对计划。审计人员对此情况进行了核实，予以了确认。

要求：

（1）请问注册会计师应发表哪种意见类型的审计报告？简要说明理由。

（2）请代注册会计师编制一份恰当意见的审计报告。

5.ABC会计师事务所的刘荣和赵华两位注册会计师对丙股份有限公司（以下简称"丙公司"）2023年度的财务报表进行了审计，认为丙公司财务报表整体是合法的、公允的。但是在该公司财务报表附注"六、6、（1）应收项目"中披露：丙公司对关联方的应收账款期末余额为644 594 378.36元，计提了52 073 596.25元的坏账准备。对于丙公司关联方应收账款，两位注册会计师实施了函证、资料查验、期后收款检查等审计程序，但是未能就可回收金额获取充分、适当的审计证据。两位注册会计师无法判断上述关联方应收账款的坏账准备是否已充分计提。两位注册会计师认为未发现的错报（如存在）对财务报表可能产生的影响重大，但不具有广泛性。

要求：

（1）请问注册会计师应发表哪种意见类型的审计报告？简要说明理由。

（2）请代注册会计师编制一份恰当意见的审计报告。（只编写形成审计意见的基础段内容）

6.ABC会计师事务所的刘荣和赵华两位注册会计师接受委托对丁股份有限公司（以下

简称"丁公司")2023 年度的财务报表进行审计。审计人员在审计过程中遇到下列情况：

（1）报告期内，丁公司所属子公司 A 公司、B 公司、C 公司等单位内部控制失效，资金活动、采购和销售业务、资产管理，以及会计核算和财务报告相关内部控制存在重大缺陷，影响丁公司财务报表的编制。两位注册会计师认为：以上公司事项对丁公司财务报表的影响具有重大性和广泛性，无法判断因内部控制失效对丁公司财务报表的影响，以及对外担保等或有事项披露的完整性。

（2）丁公司财务报表附注"六（四十八）"披露：截至报告期末，丁公司发生存货盘亏 726 558 426.22 元。由于丁公司重要子公司 A 公司、B 公司、C 公司提供的相关资料不全，两位注册会计师认为：无法实施必要的审计程序，以获取充分、适当的审计证据来确定该存货盘亏发生的具体归属期间，亦无法判断该事项对公司本报告期及前期财务报表的影响。

（3）2022 年 4 月 27 日，丁公司因涉嫌存在信息披露违法违规，收到中国证券监督管理委员会《调查通知书》。截至财务报告出具日，立案调查尚未结束。两位注册会计师认为：无法判断调查结果对丁公司报告期及前期财务报表可能产生的影响。

要求：

（1）请问注册会计师应发表哪种意见类型的审计报告？简要说明理由。

（2）请代注册会计师编制一份恰当意见的审计报告。

第9章

销售与收款循环审计

【学习目的与要求】

　　销售与收款循环审计是审计实务操作部分的开门章，本章主要学习销售与收款循环中的主要业务活动，销售与收款循环的内部控制和控制测试，销售与收款循环中主要项目营业收入、应收账款、坏账准备的审计目标和实质性程序。通过本章学习，要求学生了解销售与收款循环中的主要业务活动；理解销售交易、收款交易的内部控制内容，掌握对其进行控制测试的程序；明确营业收入、应收账款、坏账准备的审计目标，掌握对其执行实质性程序所采用的步骤和方法。在本章知识学习基础上，学生能够识别本循环的内部控制缺陷，能够评估本循环的重大错报风险，能够建立本循环主要项目的认定、审计目标、实质性程序三者之间的关系，能够对认定层次的重大错报风险开展实质性程序进行应对，以收集本循环充分、适当的审计证据，并能熟练编制销售与收款循环的审计工作底稿。

【本章岗课赛证融通训练】

一、判断题

　　1.从销售发票追查至主营业务收入明细账可以证实被审计单位关于主营业务收入的截止认定。 　　　　　　　　　　　　　　　　　　　　　　　　　　　（　　）

　　2."独立检查已处理销售发票上的销售金额与会计记录金额的一致性"，这一控制针对销售交易准确性认定。 　　　　　　　　　　　　　　　　　　　　　　　（　　）

　　3.主营业务收入明细账应当由记录应收账款之外的员工独立登记，并由另一位不负责账簿记录的员工定期调节总账和明细账。 　　　　　　　　　　　　　　　（　　）

　　4.如果不对应收账款实施函证，注册会计师不必在工作底稿中说明理由。 　（　　）

　　5.注册会计师通常在资产负债表日前适当时间函证资产负债表日的应收账款余额。 　　　　　　　　　　　　　　　　　　　　　　　　　　　　　　　（　　）

　　6.如果重大错报风险评估为低水平，注册会计师可选择资产负债表日前适当日期为截

止日实施函证，并对所函证项目自该截止日起至资产负债表日止发生的变动实施实质性程序。（　　）

7. 当对应收账款实施函证时，注册会计师应当对选择被询证者、设计询证函以及发出和收回询证函保持控制。（　　）

8. 由于应收账款通常存在高估风险，且与相关的收入确认存在舞弊风险假定，实务中通常对应收账款采用消极式函证方式。（　　）

9. 应收账款若存在贷方余额，注册会计师应建议被审计单位作重分类调整。（　　）

10. 注册会计师通常对所选取的交易，追查至原始的销售合同，通过了解销售合同中的相关条款来评价收入确认方法是否符合企业会计准则的规定。（　　）

11. 销售收入可能未真实发生这一重大错报风险只影响营业收入的发生认定。（　　）

12. 对应收账款实施函证审计程序可以证实存在、权利和义务、计价和分摊三个认定。（　　）

13. 在对应收账款实施函证后，对于最终无法收到回函的应收账款，注册会计师执行的最有效的替代审计程序是审查与应收账款对应的发运凭证等。（　　）

14. 注册会计师对营业收入的审计，通常应当结合应收账款、营业成本和销售费用项目进行。（　　）

15. 注册会计师对营业收入实施截止测试时，一般应关注开具销售发票的日期、记录账簿的日期和发出商品的日期。（　　）

二、单项选择题

1. 下列认定中，与销售信用批准控制相关的是（　　）。
A. 计价和分摊　　　　　　　　B. 发生
C. 权利和义务　　　　　　　　D. 完整性

2. 下列不属于销售与收款循环中的业务活动的是（　　）。
A. 接受顾客订单　　　　　　　B. 向顾客开具账单
C. 注销坏账　　　　　　　　　D. 确认与记录负债

3. 在销售与收款循环的内部控制中，下列说法中不正确的是（　　）。
A. 企业应当分别设立办理销售、发货、收款三项业务的部门（或岗位）
B. 由一名财务人员编制销售单并开具销售发票
C. 销售人员应当避免接触销售现款
D. 企业应收票据的取得和贴现必须经由保管票据以外的主管人员的书面批准

4. 应收账款审计的目标不包括（　　）。
A. 确定应收账款是否存在
B. 确定应收账款是否归被审计单位所有
C. 确定应收账款和坏账准备期末余额是否正确
D. 确定应收账款的可收回性

5. 应收账款询证函的发出和收回应由（　　）控制。
A. 被审计单位　　　　　　　　B. 注册会计师
C. 被审计单位和注册会计师　　D. 被审计单位或注册会计师

6.注册会计师实施主营业务收入的截止测试，主要目的是发现（　　　）。

A.当年未入账销货　　　　　　　　　B.年末应收账款余额不正确

C.超额的销货折扣　　　　　　　　　D.未核准的销货退回

7.以下事项中，属于应收账款函证的最有效的替代审计程序的是（　　　）。

A.针对营业收入的实质性分析程序

B.检查期后收款情况

C.以发运凭证为起点，追查至销售发票、销售合同及收入明细账

D.检查资产负债表日后收回的货款，检查相关的销售合同、销售单、发运凭证等文件

8.为证实被审计单位登记入账的销售交易确已发生，下列审计程序中，最为有效的是（　　　）。

A.函证应收账款余额

B.从发运凭证追查至主营业务收入明细账

C.从发运凭证追查至销售发票

D.从主营业务收入明细账追查至发票存根及发运凭证

9.检查发货单、销售发票是否事先编号并按编号的先后顺序使用，是为了检验主营业务收入的（　　　）认定。

A.存在或发生　　　　　　　　　　　B.完整性

C.权利与义务　　　　　　　　　　　D.计价与分摊

10.为了确保所有发出的货物均已开出发票，注册会计师应该从被审计年度的（　　　）中抽取样本与相关的发票进行核对。

A.主营业务收入明细账　　　　　　　B.发货单

C.应收账款明细账　　　　　　　　　D.销售单

11.下列关于销售与收款交易的内部控制的表述中，错误的是（　　　）。

A.企业应当指定专门人员就销售价格、信用政策、发货及收款方式等具体事项与客户进行谈判并订立合同

B.定期清点销售和销售发票，有助于防止漏开账单

C.由负责登记固定资产卡片的人员按月向客户寄发应收账款对账单

D.财务部门应当督促销售部门加紧催收应收账款

12.下列实质性程序中，与营业收入准确性认定最相关的是（　　　）。

A.将发运凭证与相关的销售发票和营业收入明细账及应收账款明细账中的分录进行核对

B.复核营业收入总账、明细账以及应收账款明细账中的大额或异常项目

C.追查销售发票上的详细信息至发运凭证、经批准的商品价目表和顾客订购单

D.将发运凭证与存货永续记录中的发运分录及账簿记录进行核对

13.测试应收账款时，注册会计师应优先采用函证程序，仅在函证受限时才实施替代程序，这样做的目的是（　　　）。

A.提高审计效率　　　　　　　　　　B.确保审计证据的充分性

C.降低审计成本　　　　　　　　　　D.确保审计证据的适当性

14.函证应收账款时，注册会计师对下列（　　　）情况可能不会采用积极的函证方式。

A. 个别账户欠款金额较大

B. 欠款存在争议、差错等

C. 预计差错率较高或内部控制无效

D. 欠款金额较小的债务人数量较多

15. 下列各项中，注册会计师应当对（　　　）实施函证。

A. 有证据表明不存在的应收账款

B. 交易频繁但期末余额较小的应收款项

C. 执行其他程序也可以确认的应收款项

D. 应纳入审计范围的子公司的款项

16. 注册会计师在确定应收账款的函证时间时，下列决策中的（　　　）最需要以较低的重大错报风险评估水平为前提。

A. 以资产负债表日为截止日，充分考虑对方的复函时间

B. 以资产负债表日前适当时间为截止日，并对剩余期间的变动实施实质性程序

C. 在期后适当时间实施，并在审计结束前取得全部资料

D. 以资产负债表日后适当时间为截止日，并对剩余期间的变动实施实质性程序

17. 应收账款询证函的回函应当寄给（　　　）。

A. 被审计单位

B. 会计师事务所

C. 被审计单位，并由被审计单位转交会计师事务所

D. 被审计单位或会计师事务所均可

18. 以下控制活动中，与营业收入发生认定直接相关的是（　　　）。

A. 销售价格、付款条件、运费和销售折扣的确定已经适当的授权批准

B. 销售交易是以附有有效发运凭证和附有销售单的销售发票为依据登记入账

C. 销售发票均经事先连续编号，并已登记入账

D. 应收票据的取得、贴现由保管票据以外的主管人员书面批准

三、多项选择题

1. 销售交易内部控制中的恰当的授权审批体现在（　　　）。

A. 赊销审批　　　　　　　　　　　　B. 发货审批

C. 价格审批　　　　　　　　　　　　D. 审批权限

2. 主营业务收入审计的目标一般包括（　　　）。

A. 确定主营业务收入的内容、数额是否合理、正确、完整

B. 确定对销售退回、销售折扣与折让的处理是否适当

C. 确定主营业务收入的会计处理是否正确

D. 确定主营业务收入的披露是否恰当

3. 与主营业务收入确认有着密切关系的日期包括（　　　）。

A. 发票开具日期　　　　　　　　　　B. 收款日期

C. 记账日期　　　　　　　　　　　　D. 发货日期

4. 如果应收账款函证发现了不符事项，不符事项的原因可能是（　　　）。

A.双方登记入账的时间不同　　　　　　B.被审计单位的舞弊行为

C.一方记账错误　　　　　　　　　　　D.双方记账错误

5.审计人员抽查销售发票时，应当核对的文件、资料包括（　　　）。

A.相关的销售单　　　　　　　　　　　B.相关的客户订货单

C.相关的发运凭证　　　　　　　　　　D.有关的账户记录

6.假如在销售总账、明细账中登记并未发生的销售或销售已实现却不记入总账和明细账，其违反了被审计单位管理层的（　　　）认定。

A.存在或发生　　　　　　　　　　　　B.完整性

C.权利与义务　　　　　　　　　　　　D.列报与披露

7.下列认定中，与销售部门负责催收应收账款这一控制不直接相关的认定有（　　　）。

A.完整性　　　　　　　　　　　　　　B.准确性

C.计价和分摊　　　　　　　　　　　　D.发生

8.下列各项中，注册会计师应选择作为函证对象的有（　　　）。

A.金额较大或账龄较长的项目　　　　　B.交易频繁但期末余额较小的项目

C.重大关联方交易　　　　　　　　　　D.可能存在争议、舞弊或错误的交易

9.下列各项审计程序中，可以为营业收入发生认定提供审计证据的有（　　　）。

A.从营业收入明细账中选取若干记录，检查相关原始凭证

B.对应收账款余额实施函证

C.检查应收账款明细账的贷方发生额

D.调查本年新增客户的工商资料、业务活动及财务账款

10.下列各项中，属于收入交易和余额可能存在的固有风险有（　　　）。

A.收入的复杂性导致错误　　　　　　　B.内部控制未能防范舞弊

C.收款未及时入账　　　　　　　　　　D.应收账款坏账准备的计提不准确

11.下列各项中，属于销售截止测试的审计程序的有（　　　）。

A.复核资产负债表日前后销售和发货水平，确定业务活动水平是否异常

B.取得资产负债表日后所有的销售退回记录，检查是否存在提前确认收入的情况

C.结合对资产负债表日应收账款的函证程序，检查有无未取得对方认可的大额销售

D.检查营业收入在财务报表中的列报是否恰当

12.下列控制测试程序中，与营业收入完整性认定相关的有（　　　）。

A.检查发运凭证连续编号的完整性

B.检查销售发票连续编号的完整性

C.检查赊销业务是否经过授权批准

D.观察已经寄出的对账单的完整性

13.下列控制测试程序中，与营业收入发生认定相关的有（　　　）。

A.检查发运凭证连续编号的完整性

B.检查顾客的赊购是否经授权批准

C.检查销售发票副联是否附有发运凭证及销售单

D.询问是否寄发对账单，并检查顾客回函档案

14.通过实施下列分析程序，可以识别收入确认舞弊风险的有（　　　）。

A.将本期销售收入金额与以前可比期间的对应数据或预算数进行比较

B.分析销售收入与销售费用之间的关系

C.将销售毛利率与可比期间数据、预算数或同行业其他企业数据进行比较

D.分析销售收入等财务信息与投入产出率、劳动生产率、产能、水电能耗、运输数量等非财务信息之间的关系

15.向顾客开具销售发票，这项控制与销售交易的（　　）认定相关。

A.完整性认定　　　　　　　　　　　　B.权利和义务认定

C.准确性认定　　　　　　　　　　　　D.发生认定

四、简答题

1.销售与收款循环中的主要业务活动有哪些？

2.销售交易的内部控制主要包括哪些内容？

3.收款交易的内部控制主要包括哪些内容？

4.收入交易和余额可能存在哪些固有风险？

5.营业收入审计的目标有哪些？

6.如何对主营业务收入实施实质性分析程序？

7.注册会计师如何对销售实施截止测试？

8.应收账款审计的目标有哪些？

9.应收账款的实质性程序一般分为哪几步？

10.注册会计师如何控制应收账款函证程序？

11.坏账准备的实质性程序一般分为哪几步？

12.对应收账款未回函应如何实施替代审计程序？

五、实务题

1.注册会计师张梅于2024年1月8日对昌盛公司销售与收款循环的内部控制进行了了解和测试，并在相关的审计工作底稿中作了记录，现摘录如下：

（1）销售部门收到顾客的订单后，由销售经理甲对品种、规格、数量、价格、付款条件、赊销结算方式等详细审核后签章，交仓库办理发货手续。

（2）仓库在发运商品出库时，均必须由管理员乙根据经批准的订单，填制一式四联的销售通知单。在各联上签章后，第一联作为发运单，由工作人员配货并随货交顾客；第二联送会计部；第三联送应收账款管理员丙；第四联由乙按编号顺序连同订单一并归档保存，作为盘存的依据。

（3）会计部收到销货单后，根据单中所列资料，开具统一的一式多联预先连续编号的销售发票，将顾客联寄送顾客，将销售联交应收账款管理员丙，作为记账和收款的凭证。

（4）应收账款管理员丙收到发票后，将销售发票与销售通知单核对，如无错误，据以登记应收账款明细账，并将销售发票与销售通知单按顾客顺序归档保存。

要求：指出昌盛公司销售与收款循环内部控制中存在的缺陷，并提出改进建议。

2.诚信会计师事务所负责审计昌盛公司2023年度财务报表，按业务约定，最迟应于2024年3月10日结束外勤工作。2024年1月10日，注册会计师张梅选定昌盛公司部分客户寄发应收账款询证函，2月10日，检查回函情况，以便在外勤工作结束前收到全部应收

账款回函。下面是检查中发现的一些情况及其后续进展：

（1）以积极方式寄发给客户甲公司的询证函在发出 20 日后被当地邮局以"查无此单位"为由退回昌盛公司。

（2）收到审计组以消极方式寄发的询证函后，乙公司针对函证的事项以电子邮件方式直接向昌盛公司作出答复，昌盛公司收到答复后随即转发给诚信会计师事务所。

（3）丙公司将积极式函证复函直接寄到昌盛公司，要求转交诚信会计师事务所。昌盛公司收到复函后，在声称没有拆封的情况下，将复函转交给审计组的助理人员。

（4）以积极方式向丁公司寄发询证函后，至 2 月 10 日尚未收到回复，也没有接到邮局退回的信件。

（5）因 2 月 10 日没有接到戊公司对积极式函证的回函，当日进行了第二次函证，但至 3 月 10 日仍未收到回函。

（6）除乙公司外，以消极方式寄发给包括庚公司在内的 300 余家客户的询证函至外勤工作结束日均未收到回函。

要求：

（1）针对情况（1）至（4），指出注册会计师应当采取的后续措施。

（2）针对情况（5）、（6），分别指出戊公司、庚公司未回函的原因。

（3）针对情况（6），指出在什么条件下注册会计师应考虑改变向庚公司函证的方式。

3.江南有限责任公司 2023 年年末部分应收账款余额明细表见表 9-1。

表9-1　　　　江南有限责任公司2023年年末部分应收账款余额明细表

债务人名称	摘要	期初数	期末数	账龄			
				1年以内	1~2年	2~3年	3年以上
A公司	销货款	650 000	50 000	√			
B公司	销货款	4 000 000	3 500 000		√		
C公司	销货款	90 000	90 000			√	
D公司	销货款	150 000	1 050 000	√			
E公司	销货款	589 430	589 430				√
F公司	销货款	0	30 000	√			

要求：请问审计人员在运用函证方法证实江南有限责任公司应收账款金额真实性时，如何针对不同客户选择不同的函证方式。

4.注册会计师在对 ABC 公司 2023 年度的应收账款进行审计时，实施了发函询证的程序，大部分客户已回函表示认可结账日的欠款或没有复函提出质疑，只有 4 个客户在回函中分别反映以下信息：

（1）甲客户表示，余额 3 600 元已于 2023 年 12 月 28 日付清。

（2）乙客户表示，尾款 2 000 元已于 2024 年 1 月 2 日付清。

（3）丙客户表示，该公司曾于 10 月中旬预付货款 70 000 元，足以抵付询证函上所示两张发票的欠款 61 200 元。

（4）丁客户表示，询证函上所列示的货品从未收到。

要求：说明注册会计师应如何对上述应收账款实施替代审计程序。

5.审计人员张梅为评估昌盛公司 2023 年度财务报表中的重大错报风险、确定重点审计领域，拟对昌盛公司 2023 年度未审利润表及 2022 年度已审利润表（见表9-2）中部分数据实施分析性程序。已知行业增长率为9%，假定昌盛公司 2023 年度经营状况、人员规模等与 2022 年度相比未发生重大变化。

表9-2　　　　　　　　　　相关资料表　　　　　　　　　　金额单位：万元

利润表项目	2023 年度（未审数）	2022 年度（审定数）
营业收入	104 300	58 900
减：营业成本	91 845	53 599
税金及附加	560	350
销售费用	2 800	1 610
管理费用	2 380	3 260

要求：请用实质性分析程序（动态百分比法）分析昌盛公司利润表中部分项目的数据，将分析过程填制在表9-3中，并指出利润表中部分项目是否存在重大错报风险。

表9-3　　　　　实质性分析程序（动态百分比法）分析情况表　　　　　金额单位：万元

利润表项目	2023 年度（未审数）	2022 年度（审定数）	增长	
			金额	百分比（%）
营业收入	104 300	58 900		
减：营业成本	91 845	53 599		
税金及附加	560	350		
销售费用	2 800	1 610		
管理费用	2 380	3 260		

6.注册会计师对昌盛公司主营业务收入的发生认定进行审计，编制了审计工作底稿，部分内容摘录见表9-4。

表9-4　　　　　　　　　　审计工作底稿摘录

记账凭证日期	记账凭证编号	记账凭证金额	发票日期	出库单日期
2024 年 1 月 2 日	转字 10 号	12 万元	2024 年 1 月 8 日	2024 年 1 月 8 日

审计说明：

　　已检查记账凭证日期、发票日期和出库单日期，未发现异常。发票和出库单中的其他信息与记账凭证一致。

要求：针对资料中的审计说明，指出注册会计师实施的审计程序中是否存在不当之处，并简要说明理由。

7.诚信会计师事务所注册会计师张梅负责审计昌盛公司2023年度财务报表，并主要负责营业收入的审计。

资料一：张梅根据对昌盛公司及其环境的了解，决定将高估营业收入的重大错报风险评估为高水平，经与项目组成员内部讨论，决定重点应对表9-5所列示的高估方式。

表9-5　　　　　　　　　　　　　　重点应对的高估方式

序号	重点应对的高估方式
A	将次年年初发生的销售业务提前确认为本年的营业收入
B	将营业外收入确认为营业收入
C	通过虚构发货虚增营业收入
D	年末向关联方发出商品并确认收入，次年年初退货后冲减退货当月营业收入
E	确认营业收入时依据的销售量大于实际的销售量

资料二：为应对与截止认定相关的重大错报风险，注册会计师张梅拟在依赖昌盛公司商品发运内部控制的基础上，从表9-6所列示的审计程序中选择最具有针对性的进一步审计程序。

表9-6　　　　　　　　　　　　　　进一步审计程序

序号	进一步审计程序
1	抽取2023年度营业收入明细账的记录，追查至发运单的商品数量、日期
2	抽取2023年接近年末的发运单，追查至营业收入明细账的商品数量、日期
3	抽取2024年年初填写的发运单，追查至营业收入明细账的商品数量、日期
4	抽取2024年年初营业收入明细账的借方记录，追查至发运单日期
5	抽取2024年年初营业收入明细账的贷方记录，追查至发运单的商品数量、日期

要求：

（1）指出资料一中列示的各种方式的高估最可能影响销售交易的哪一种认定。

（2）指出通过资料二中列示的每一项进一步审计程序所获取的审计证据能直接发现资料一中列示的哪一种或哪几种方式的高估。

8.甲公司应收账款——A公司明细账2023年12月31日为借方余额267 000元。ABC会计师事务所的注册会计师赵力于2024年1月15日决定对其进行函证，函证方式为积极式。

要求：请你代注册会计师赵力编制一份询证函（询证函索引号为ZD3，编号为001）。

9.注册会计师赵力负责审计X公司2023年度财务报表。X公司以生产、销售超声波打磨器械为主营业务，其产品运送至客户后，派技术部员工前往测试，测试完成后，客户在产品验收单上签字，由技术部员工带回。销售合同规定，客户在产品验收单上签字，销售即告完成，客户应在10日内付清全款。注册会计师了解到X公司的以下控制：

（1）每笔销售业务均需要与客户签订销售合同。

（2）销售完成后，由财务部门负责催收款项。

（3）慎重选择客户，以保证产品验收后款项的收回。

（4）财务人员根据客户订购单、销售单和发运凭证确认销售收入。

要求：

（1）请指出 X 公司内部控制中存在的不当之处，并提出改进建议。

（2）请代注册会计师赵力评估 X 公司的重大错报风险（指明具体项目及其认定）。

（3）请设计实质性程序应对评估的重大错报风险。

10.戊公司是 ABC 会计师事务所的常年审计客户，主要从事肉制品的加工和销售。注册会计师赵力负责审计戊公司2023年度财务报表。戊公司于2023年3月15日被媒体曝光某批次产品存在严重的食品安全问题，赵力就此事项及相关影响与戊公司管理层进行了沟通。受食品安全事件影响，戊公司产品出现滞销，为恢复市场占有率，戊公司未因本年度成本大幅上涨而提高售价，销量逐渐回升。注册会计师赵力在审计工作底稿中记录了戊公司的财务数据，部分内容摘录见表9-7。

表9-7　　　　　　　　　戊公司财务数据摘录　　　　　　　　　金额单位：万元

项目	未审数	已审数
	2023年	2022年
营业收入	7 200	7 500
营业成本	4 900	5 000

要求：假定不考虑其他条件，请指出戊公司财务数据中是否存在重大错报风险；如果存在，请简要说明理由，并说明该风险主要与哪些财务报表项目的哪些认定相关（不考虑税务影响）。

六、编制工作底稿题

1.福源公司2023年度主营业务收入明细资料见表9-8。

表9-8　　　　　　　福源公司2023年度主营业务收入明细资料

产品名称	销售收入（元）
A产品	38 640 515
B产品	16 764 711
C产品	9 775 872
⋮	
合计	69 526 622

注册会计师王林于2024年1月17日完成了对其的测试，无调整事项。

要求：请你代注册会计师王林编制营业收入审定表（见表9-9）（索引号为SA1，复核人为注册会计师张梅，复核日期为2024年1月18日）。

表9-9　　　　　　　　　<h2 style="text-align:center">营业收入审定表</h2>

被审计单位：	索引号：
项　　目：	财务报表截止日/期间：
编　　制：	复　核：
日　　期：	日　期：

项目类别	本期未审数	账项调整		本期审定数	上期审定数
		借方	贷方		
一、主营业务收入					略
小计					
二、其他业务收入	略				略
小计	略				略
营业收入合计	略				略

审计说明：

（略）

审计结论：

　　2.福源公司2022年度、2023年度主营业务收入的明细资料见表9-10。

　　要求：请你代注册会计师王林编制主营业务收入明细分析表（见表9-11）（编制日期为2024年1月19日，索引号为SA2，复核人为注册会计师张梅，复核日期为2024年1月20日）。

表9-10   **福源公司主营业务收入的明细资料**   单位：元

产品名称	主营业务收入	
	2023年度	2022年度
A产品	38 640 515	30 774 185
B产品	16 764 711	14 669 719
C产品	9 775 872	9 974 187
⋮		
合计	69 526 622	59 109 003

表9-11   **主营业务收入明细分析表**

被审计单位：_____   索引号：_____

项 目：_____   财务报表截止日/期间：_____

编 制：_____   复 核：_____

日 期：_____   日 期：_____

类别	年度		年度		收入变动额	收入变动比例（%）	结构变动比例（%）
	金额	比重（%）	金额	比重（%）			

审计说明：

（略）

3.福源公司2023年12月31日应收账款账面余额为1 256 800元（账龄均在1年以内），坏账准备余额为62 000元。经测试，注册会计师王林认为应收账款项目应进行账项调整的数字为借方43 200元，贷方20 000元。

要求：请你代注册会计师王林编制应收账款审定表（见表9-12）（编制日期为2024年1月18日，索引号为ZD1，复核人为注册会计师张梅，复核日期为2024年1月19日）。

表9-12　　　　　　　　　　**应收账款审定表**

被审计单位：＿＿＿＿＿＿＿＿　　索引号：＿＿＿＿＿＿＿＿
项　目：＿＿＿＿＿＿＿＿　　财务报表截止日/期间：＿＿＿＿＿＿
编　制：＿＿＿＿＿＿＿＿　　复　核：＿＿＿＿＿＿＿＿
日　期：＿＿＿＿＿＿＿＿　　日　期：＿＿＿＿＿＿＿＿

项目名称	本期未审数	账项调整		重分类调整		本期审定数	上期审定数
		借方	贷方	借方	贷方		
一、账面余额合计							略
1年以内							
1~2年							
2~3年							
3年以上							
二、坏账准备合计							略
1年以内							
1~2年							
2~3年							
3年以上							
三、账面价值合计							略
1年以内							
1~2年							
2~3年							
3年以上							

审计说明：

（略）

审计结论：

　　4.福源公司应收账款——R公司明细账2023年12月31日为借方余额145 137元。诚信会计师事务所的注册会计师张梅于2024年1月15日决定对其进行函证，函证方式为积极式。

　　要求：请你代注册会计师张梅编制一份询证函（询证函索引号为ZD3，编号为001）。

第10章

采购与付款循环审计

采购与付款循环审计也是审计实务操作部分的重要章节，本章主要学习采购与付款循环中的主要业务活动，采购与付款循环的内部控制和控制测试，采购与付款循环中主要项目应付账款、固定资产、累计折旧的审计目标和实质性程序。通过本章学习，要求学生了解采购与付款循环中的主要业务活动；理解采购与付款循环的内部控制内容，掌握对其进行控制测试的程序；明确应付账款、固定资产、累计折旧的审计目标，掌握对其执行实质性程序所采用的步骤和方法。在本章知识学习基础上，学生能够识别本循环的内部控制缺陷，能够评估本循环的重大错报风险，能够建立本循环主要项目的认定、审计目标、实质性程序三者之间的关系，能够对认定层次的重大错报风险开展实质性程序进行应对，以收集本循环充分、适当的审计证据，并能熟练编制采购与付款循环的审计工作底稿。

【本章岗课赛证融通训练】

一、判断题

1. 采购与付款交易中的实物控制主要是指对已验收入库的商品的实物控制，限制非经授权人员接近存货。实物保管应由独立于验收、采购和会计部门的人员来担任。（　　）

2. 应付账款的控制主要包括：应付账款的记录必须由独立于请购、采购、验收、付款的职员来进行（假定无预付货款的交易和享有折扣的交易）；必须分别设置应付账款总账和明细账户；每月应将应付账款明细账定期与客户的对账单进行核对。（　　）

3. 一般情况下，应付账款不需要函证，这是因为函证不能保证查出未记录的应付账款，况且注册会计师能够取得采购发票等外部凭证来证实应付账款的余额。（　　）

4. 为证实被审计单位外购的运输设备是否存在限制留置权的情况，审计人员应当检查运营证件与年检证明。（　　）

5. 对未回函的应付账款，注册会计师可以采用替代审计程序。比如，可以检查决算日

后应付账款明细账的借方发生额及库存现金和银行存款日记账，同时检查该笔债务的相关凭证资料，核实应付账款的真实性。（　　）

6. 检查是否存在未入账的应付账款，可通过检查债务形成的相关原始凭证，如供应商发票、验收报告或入库单等，对照应付账款明细账，确认其是否及时入账。（　　）

7. 注册会计师可以以固定资产明细分类账为起点，进行实地追查，以证明所列固定资产确实存在以及目前的使用状况。（　　）

8. 注册会计师不能以实地为起点，再追查至固定资产明细分类账，以收集实际存在的固定资产均已入账的证据。（　　）

9. 对房地产类固定资产，注册会计师需要查阅有关的合同、产权证明、财产税单、抵押借款的还款凭据、保险单等书面文件来证实其所有权。（　　）

10. 检查资产负债表日后应付账款明细账贷方发生额的相应凭证不能实现应付账款存在认定的审计目标。（　　）

11. 固定资产减少的审计重点是检查是否存在账存实亡现象。（　　）

12. 在采购业务中，验收单是编制订购单、填制付款凭证的依据。（　　）

13. 注册会计师在对采购交易完整性实施控制测试时，应检查订购单、验收单、付款凭单连续编号的完整性。（　　）

14. 如果被审计单位管理层在利润考核方面存在压力，注册会计师应当关注的重大错报风险是：是否采取了多计准备或负债、是否把通常应当资本化的费用计入损益。（　　）

15. 仅实施实质性程序无法将检查风险降低到可接受水平，注册会计师通常应考虑对采购与付款交易和相关余额实施细节测试。（　　）

二、单项选择题

1. 采购与付款循环的审计中，下列涉及业务活动的处理，正确的是（　　）。

A. 请购单只能由采购部门填写

B. 存放商品的仓储区应相对独立，限制无关人员接近，这些控制与商品的"完整性"认定相关

C. 对于租赁合同和资本支出，企业通常不作特别授权

D. 支票一经签署就应在其凭单和支持性凭证上用加盖印戳或打洞方式将其注销

2. 在采购与付款循环中，下列各组不属于不相容岗位的是（　　）。

A. 请购与保管　　　　　　　　B. 询价与确定供应商

C. 采购与验收　　　　　　　　D. 付款审批与付款执行

3. 注册会计师为了获取实际存在的固定资产均已入账的证据，应当采用的最佳程序是（　　）。

A. 以固定资产明细分类账为起点，进行实地追查

B. 以实地为起点，追查至固定资产明细分类账

C. 先从实地追查至固定资产明细分类账，再从固定资产明细分类账追查至实地

D. 先从固定资产明细分类账追查至实地，再从实地追查至固定资产明细分类账

4. 向生产负责人询问的以下事项中，最有可能获取审计证据的是（　　）。

A.固定资产的抵押情况 B.固定资产折旧计提情况

C.固定资产的投保及其变动抵押情况 D.固定资产的报废或毁损情况

5.审计人员在检查被审计单位是否对（ ）拥有所有权或控制权时，通常通过审核采购发票、采购合同加以确定。

A.外购的机器设备 B.办公大楼和厂房

C.外购的运输设备 D.融资租入的设备

6.下列各审计程序中，对查找未入账的应付账款最无效的是（ ）。

A.检查债务形成的相关原始凭证，如供应商发票、验收报告或入库单等，查找有无未及时入账的情况

B.函证应付账款

C.针对资产负债表日后付款项目，检查银行对账单及有关付款凭证

D.检查资产负债表日后应付账款明细账贷方发生额的相应凭证

7.以下有关付款业务的控制活动中，存在设计缺陷的是（ ）。

A.建立了退货管理制度，对退货条件、手续、货物出库、退货货款回收等作了明确规定

B.对已到期的应付款项由会计主管负责办理付款的审批与支付

C.财务部门在办理付款业务时，对供应商发票、结算凭证、验收单、订购单等相关凭证进行核对

D.定期与供应商核对应付账款、应付票据等往来款项

8.注册会计师在对应付账款进行函证时，应采用的函证方式一般为（ ）。

A.积极式 B.否定式

C.积极式和否定式的结合 D.积极式或否定式均可

9.下列审计程序中，不属于固定资产减少的审计程序的是（ ）。

A.结合固定资产清理科目，抽查固定资产账面转销额是否正确

B.检查出售、转让、报废、毁损、盘亏等固定资产减少是否经授权批准，会计处理是否正确

C.检查因修理、更新改造而停止使用的固定资产的会计处理是否正确

D.审核固定资产的验收报告

10.下列审计证据中，与应付账款完整性认定最相关的是（ ）。

A.被审计单位编制的连续编号的验收单

B.被审计单位编制的连续编号的订购单

C.供应商发票

D.供应商提供的月末对账单

11.下列各项中，对应付账款通常不进行函证的情况是（ ）。

A.控制风险高 B.财务状况不佳

C.应付账款金额较大 D.存在大量小金额的欠款

12.下列实质性程序中，与未入账负债最相关的是（ ）。

A.审查供应商发票与债权人名单

B.审查应付账款、应付票据的函证回函

C.审查采购价格和折扣

D.审查资产负债表日后货币资金支出情况的有关付款凭证

13.以下实质性程序中，与应付账款完整性认定最相关的是（　　）。

A.编制应付账款明细表，复核加计是否正确，并与报表数、总账数和明细账数核对是否相符

B.向采购供应商函证零余额的应付账款

C.以应付账款明细账为起点，追查至采购相关的原始凭证，如采购订单、供应商发票和入库单等

D.从采购订单、供应商发票和入库单等原始凭证，追查至应付账款明细账

14."订购单均经事先连续编号并将已完成的采购登记入账"，这一关键内部控制针对的控制目标是（　　）。

A.已发生的采购交易均已记录

B.所记录的采购交易计价正确

C.所记录的采购都确已收到商品或已接受劳务

D.采购交易的分类正确

15.下列各项中，不能实现应付账款存在认定审计目标的是（　　）。

A.检查资产负债表日后应付账款明细账贷方发生额的相应凭证

B.选择应付账款的重要项目函证其余额和交易条款

C.检查应付账款长期挂账的原因

D.从应付账款明细账追查至相关原始凭证

16.在公司有关付款凭单的下列内部控制中，注册会计师应当认为存在设计缺陷的是（　　）。

A.付款凭单应当由销售部门专人填制

B.填制付款凭单之前，应确定卖方发票、验收单、订购单的一致性

C.付款凭单是确认与记录负债的依据

D.付款凭单上应填入借记的资产或费用账户名称

17.在被审计单位固定资产的各类内部控制中，注册会计师最应当将（　　）作为最重要的部分。

A.预算制度　　　　　　　　　　B.授权批准制度

C.账簿记录制度　　　　　　　　D.处置制度

18.注册会计师从验收单追查至相应的供应商发票，同时再追查至应付账款明细账的审计程序，与应付账款的（　　）认定最相关。

A.计价和分摊　　　　　　　　　B.完整性

C.存在　　　　　　　　　　　　D.权利和义务

三、多项选择题

1.下列关于采购与付款循环涉及凭证所证明的认定的说法中，正确的是（　　）。

A.独立检查验收单的顺序以确定每笔采购交易都已编制凭证，与采购交易的"完整性"认定有关

B.请购单是证明有关采购交易的"发生"认定，是采购交易轨迹的起点

C.检查付款凭单是否附有购货发票，与采购交易的"完整性"认定有关

D.验收单是支持资产或费用以及与采购有关的负债的"存在或发生"认定的重要凭证

2.为合理保证已发生的采购交易均已记录，需要设置的关键内部控制有（　　）。

A.请购单均经事先连续编号

B.订购单均经事先连续编号并将已完成的采购登记入账

C.验收单均经事先连续编号并登记入账

D.应付凭单均经事先连续编号并已登记入账

3.对应付账款执行的实质性分析程序包括（　　）。

A.对期末应付账款余额与上期期末余额进行比较，分析其波动原因

B.分析长期挂账的应付账款，判断被审计单位是否缺乏偿还能力或利用应付账款隐瞒利润

C.计算应付账款对存货的比率以及对流动负债的比率，同以前期间对比分析，评价应付账款整体的合理性

D.分析存货和营业成本等项目的增减变动，判断应付账款增减变动的合理性

4.注册会计师对被审计单位的采购业务进行期末截止测试，可以实施的审计程序包括（　　）。

A.实地观察

B.监盘存货

C.比较购货发票上的日期与采购明细账中的日期

D.比较验收单上的日期与采购明细账中的日期

5.下列审计程序中，能够实现应付账款完整性认定审计目标的有（　　）。

A.检查长期挂账的应付账款

B.函证零余额的应付账款

C.从应付账款明细账追查至相关原始凭证

D.检查连续编号的验收单有无漏号

6.下列审计程序中，属于固定资产减少审计程序的有（　　）。

A.结合固定资产清理科目，抽查固定资产账面转销额是否正确

B.检查出售、转让、报废、毁损、盘亏等固定资产减少是否经授权批准，会计处理是否正确

C.检查因修理、更新改造而停止使用的固定资产的会计处理是否正确

D.检查投资转出的固定资产的会计处理是否正确

7.下列审计程序中，与查找未入账应付账款有关的有（　　）。

A.检查供应商发票、验收报告或入库单等，查找有无未及时入账的应付账款

B.检查资产负债表日后应付账款明细账贷方发生额的相应凭证，关注其购货发票的日期

C.针对资产负债表日后付款项目，检查银行对账单及有关付款凭证

D.函证应付账款

8.下列各项中，属于固定资产内部控制的有（　　）。

A. 授权批准制度　　　　　　　　B. 预算制度

C. 定期盘点制度　　　　　　　　D. 资本性支出与收益性支出的区分制度

9. 在审查固定资产业务时发现被审计单位调增了一台设备的入账价值，对此审计人员认为比较合理的解释有（　　）。

A. 该设备增加了改良装置

B. 同类设备的市场价格上升

C. 该设备已提足折旧继续使用

D. 该设备原入账价值由于某种差错而被少计

10. 复核本期折旧费用的计提和分配时，注册会计师应注意（　　）。

A. 了解被审计单位折旧政策、使用寿命、折旧范围等方面是否合规合理

B. 检查被审计单位折旧政策前后期是否一致

C. 复核本期折旧费用的计提是否正确

D. 检查折旧费用的分配方法是否合理，是否与上期一致

11. 对未回函的应付账款再次发函或实施替代审计程序，主要与证实应付账款的（　　）认定相关。

A. 存在　　　　　B. 完整性　　　　　C. 权利和义务　　　　D. 计价和分摊

12. 下列有关记录负债环节控制活动的说法中，正确的有（　　）。

A. 定期独立检查应付账款总账余额与应付凭单部门未付款凭单档案中的总金额是否一致

B. 定期核对编制付款记账凭证的日期与付款凭单副联的日期，监督付款入账的及时性

C. 记录现金支出的人员不得经手现金，其他有价证券除外

D. 应付账款部门在收到供应商发票时应将发票上所记载的品名、规格、价格、数量、条件及运费与订货单上的有关资料核对，如有可能，还应与验收单上的资料进行比较

13. 下列有关记录支出环节控制活动的说法中，正确的有（　　）。

A. 出纳员应当在月末编制银行存款余额调节表，并提交财务经理复核签字，以确保付款记录期间的恰当性

B. 会计主管应独立检查记入银行存款日记账和应付账款明细账金额的一致性，以及与支票汇总记录的一致性

C. 会计主管通过定期比较银行存款日记账记录的日期与支票副本的日期，以确保付款入账的及时性

D. 会计主管应当在核准付款前复核支持性文件，在签发支票后注销相关文件，以确保仅对已记录的应付账款办理支付

14. 当被审计单位采购与付款交易存在（　　）情况时，注册会计师可能考虑通过供应商来证实其期末的应付余额。

A. 内部控制严重缺失，记录被毁损

B. 完整性认定的重大错报风险高

C. 会计记录在火灾或水灾中遗失

D. 供应商回函与会计记录严重不符

15. 当被审计单位管理层具有高估利润的动机时，注册会计师应当主要关注（　　）

的重大错报风险。

A.低估管理费用 　　　　　　　　　　B.低估应付账款

C.高估财务费用 　　　　　　　　　　D.高估应付票据

四、简答题

1.简述采购与付款交易控制测试的内容。

2.简述固定资产控制测试的内容。

3.简述应付账款审计的目标。

4.如何对应付账款实施实质性分析程序？

5.如何查找未入账的应付账款？

6.简述固定资产审计的目标。

7.如何对固定资产实施实质性分析程序？

8.固定资产增加审计应注意从哪些方面进行？

9.如何审查固定资产的所有权或控制权？

10.简述累计折旧实质性程序包括的内容。

11.简述固定资产减值准备实质性程序包括的内容。

12.为什么说函证并不是确定应付账款确实存在最有效的审计程序？

五、实务题

1.注册会计师刘娜于 2024 年 1 月 10 日至 15 日对昌盛公司采购与付款交易的内部控制进行了解和测试，并在相关的审计工作底稿中作了记录，现摘录如下：

（1）昌盛公司的材料采购需要经授权批准后方可进行，采购部根据经批准的请购单编制、发出订购单，订购单没有编号。货物运达后，由隶属于采购部门的验收人员根据订购单的要求验收货物，并编制一式多联的未连续编号的验收单。仓库根据验收单验收货物，在验收单上签字后，将货物移送仓库加以保管。验收单上有数量、品名、单价等内容。验收单一联交采购部门登记采购明细账和编制付款凭单，付款凭单经批准后，月末交会计部门；一联交会计部门登记材料明细账。会计部门根据只附有验收单的付款凭单登记有关账簿。

（2）会计部门审核付款凭单后，支付采购款项。昌盛公司授权会计部的经理签署支票，经理将其授权给会计人员丁负责，但保留了支票印章。丁根据已适当批准的凭单，在确定支票收款人名称与凭单内容一致后签署支票，并在凭单上加盖"已支付"的印章。对付款控制程序的穿行测试表明，注册会计师刘娜未发现与公司规定有不一致之处。

要求：根据上述情况，指出昌盛公司在采购与付款交易内部控制方面存在的缺陷，作出简单评价，并提出相应的改进建议。

2.昌盛公司于 2023 年 7 月完工投入使用的一个仓库被有关部门认定为违章建筑，被要求在 2024 年 6 月底前拆除。注册会计师张梅在审计工作底稿中记录了所获取的昌盛公司的财务数据，部分内容摘录见表 10-1。

表10-1　　　　　　　　　　　　相关资料表

项目	2023年年初数	本年增加	本年减少	2023年年末数
固定资产减值准备	0	0	0	0

要求：假定不考虑其他条件，指出是否存在重大错报风险。如果存在，简要说明理由，指出主要与财务报表哪些项目的哪些认定相关。

3.审计人员赵峰负责对A公司2023年度财务报表中的应付账款项目进行审计。假定：（1）赵峰目前正在针对应付账款项目审计编制具体审计计划。（2）上年度审计工作底稿中显示审计人员是从A公司的2 000家供货商中抽取200家供应商进行函证，采用积极式询证函方式。样本是从余额较大的各明细账户中抽取。对于未回复的供应商，均运用其他审计程序进行了审计，没有发生异议。

请问：

（1）审计人员在对应付账款实施审计程序时，应主要考虑哪些审计目的？

（2）审计人员能否对应付账款使用函证程序？如使用函证，列举使用函证的各种情况。

（3）上年度进行函证时，选取较大年末余额的供应商进行函证为何不一定是最有效的方法？本年度在选样函证应付账款时，该审计人员宜采用何种更有效的方法？

4.昌盛公司于12月份以更新设备的名义淘汰了6台正常运转的机器设备，设备原值90万元，已提折旧50万元，财会部门按厂长授意作了固定资产清理的账务处理，会计分录为：

借：固定资产清理——机器设备　　　　　　　　　　　　　　400 000
　　累计折旧　　　　　　　　　　　　　　　　　　　　　　500 000
　　贷：固定资产——机器设备　　　　　　　　　　　　　　　　900 000

12月末，将其净值40万元作为固定资产清理后的净损失，由"固定资产清理"账户转入了"营业外支出"账户，会计分录为：

借：营业外支出——处置非流动资产净损失　　　　　　　　　400 000
　　贷：固定资产清理——机器设备　　　　　　　　　　　　　　400 000

审计人员分三步审查了该企业的上述行为：第一步，审阅固定资产清理明细账。发现上述6台设备的会计处理有缺陷，设备未到年限却作清理，而账簿记录中没有清理费用和残料价值或变价收入。第二步，盘点实物。经实地查看和盘点，已作清理处理的6台设备，在车间根本没动，而且照常运转。第三步，调查企业对该设备作固定资产清理的动机。经询问有关人员，供认其目的是通过提前报废该6台设备，压缩当年利润数额，少计缴所得税，以缓解资金不足。

要求：根据以上情况，作出账务调整分录。

5.2024年2月，注册会计师接受委托对昌盛公司2023年度财务报表进行审计，在审查固定资产增减业务时，发现下列问题：

（1）2023年1月购入专用设备一台，买价300 000元，发生运杂费4 000元、设备安装费8 000元。后两笔费用都计入了管理费用。该项专用设备于当年2月份投入使用（采用直线法计提折旧，年折旧率为10%）。

（2）发现2023年度经批准出售机床一台，原价57 200元，已累计提折旧12 840元，净值 44 360 元，出售所得价款为 35 560 元。该公司的会计处理为：

借：银行存款　　　　　　　　　　　　　　　　　　　　35 560

　　贷：实收资本　　　　　　　　　　　　　　　　　　　　　　35 560

借：累计折旧　　　　　　　　　　　　　　　　　　　　12 840

　　资产处置损益　　　　　　　　　　　　　　　　　　44 360

　　贷：固定资产　　　　　　　　　　　　　　　　　　　　　　57 200

要求：根据上述资料，分析指出上述处理所存在的问题，并根据审计结果，分别编制调整分录。

6.注册会计师李文对永锋公司的应付账款进行审计。根据需要，李文决定对表10-2所列的永锋公司的四个明细账中的两个进行函证。

表10-2　　　　　　**永锋公司应付账款明细账情况汇总表**　　　　金额单位：元

单位名称	应付账款年末余额	本年度进货总额
A公司	0	2 938 700
B公司	89 000	129 000
C公司	37 000	564 000
D公司	48 000	643 000

要求：

（1）指出该注册会计师应选择哪两家公司进行函证？为什么？

（2）假定上述四家公司均为永锋公司的采购人，表10-2中两栏分别是应收账款年末余额和本年度销货总额，指出注册会计师李文应选择哪两家公司进行函证？为什么？

7.注册会计师张梅负责对昌盛公司2023年度财务报表进行审计。相关资料如下：

资料一：注册会计师审计公司2023年度财务报表的"固定资产"和"累计折旧"项目时，发现下列情况：

① "生产用固定资产"中固定资产A设备已于2023年1月停止使用，并转入"未使用固定资产"，同时停止计提折旧。

② 公司所使用的单冷空调，当年计提折旧仅按实际使用的月份（5~9月）提取。

③ 5月份购入设备一台，价值65万元，当月达到预定可使用状态。8月份交付使用，昌盛公司从9月份起开始计提折旧。

④ 昌盛公司对B设备采用平均年限法计提折旧。该设备预计可使用年限为10年，预计净残值为5%，公司确定该设备的年折旧率为10%。

资料二：注册会计师张梅实施的部分审计程序摘录如下：

① 检查2023年购入的固定资产的发票金额并追查至账簿记录；

② 实地视察固定资产，并查明其产权的归属；

③ 结合2023年发生的长期借款项目，查明有无以固定资产担保或抵押等情况；

④ 索取或编制融资租赁设备汇总表，追查至相关的融资租赁协议。

要求：

（1）针对资料一的情况评价昌盛公司的会计处理，并给出恰当建议。

（2）针对资料二的情况，分别指出这些审计程序主要是针对固定资产的何种认定。

8.ABC会计师事务所的刘河注册会计师负责审计丁公司2023年度财务报表。审计工作底稿中与负债审计相关的部分内容摘录如下：

（1）丁公司各部门使用的请购单未连续编号，请购单由部门经理批准，超过一定金额还需总经理批准。刘河注册会计师认为该项控制设计有效，实施了控制测试，结果满意。

（2）为查找未入账的应付账款，刘河注册会计师检查了资产负债表日后应付账款明细账贷方发生额的相关凭证，并结合存货监盘程序，检查了丁公司资产负债表日前后的存货入库资料，结果满意。

（3）由于2023年人员工资和维修材料价格持续上涨，丁公司实际发生的产品质量保证支出与以前年度的预计数相差较大。刘河注册会计师要求管理层就该差异进行追溯调整。

（4）丁公司有一笔账龄3年以上、金额重大的其他应付款，因2023年未发生变动，刘河注册会计师未实施进一步审计程序。

要求：针对上述第（1）至（4）项，逐项指出刘河注册会计师的做法是否恰当。如不恰当，简要说明理由。

9.戊公司是ABC会计师事务所的常年审计客户。王栋注册会计师负责审计戊公司2023年度财务报表，确定财务报表整体的重要性为240万元。

资料一：

王栋注册会计师在审计工作底稿中记录了所了解的戊公司情况及其环境，部分内容摘录如下：

（1）戊公司原租用的办公楼月租金为50万元。自2023年10月1日起，戊公司租用新办公楼，租期1年，月租金80万元，免租期3个月。

资料二：

王栋注册会计师在审计工作底稿中记录了戊公司的财务数据，部分内容摘录见表10-3。

表10-3　　　　　　　　　　　　　戊公司财务数据　　　　　　　　　金额单位：万元

项目	2023年（未审数）	2022年（已审数）
管理费用——污水处理	150	100
管理费用——租赁费	450	600
管理费用——研发费	0	200

要求：针对资料一第（1）项，结合资料二，假定不考虑其他条件，指出资料一所列事项是否可能表明存在重大错报风险。如果认为可能表明存在重大错报风险，简要说明理由，并说明该风险主要与哪些财务报表项目的哪些认定相关（不考虑税务影响）。

10.ABC会计师事务所接受乙公司委托审计其2023年度财务报表，并委派李华注册会计师担任项目合伙人。李华注册会计师在审计工作底稿中记录了下列事项：

（1）针对采购与付款业务循环，乙公司建立了完善的内部控制制度，李华注册会计师拟对其执行控制测试以减少实质性程序的数量，因此在运用审计抽样时，在考虑可容忍偏差率、可接受的信赖过度风险、总体变异性以及预计总体偏差率的基础上确定了控制测试的样本规模。

（2）乙公司已到期的应付款项由会计主管负责办理付款的审批与支付，李华注册会计师检查无误。

（3）在采购与付款循环的审计中，注册会计师要求乙公司每张请购单必须经过对这类支出预算负责的主管人员签字批准。

（4）针对应付账款项目，在2024年审计业务执行时经过了解后确定该内部控制值得信赖，因此执行了控制测试，该内部控制自上次测试后未发生变化，且不属于旨在减轻特别风险的控制，李华注册会计师决定今年不再对其执行控制测试。

（5）在对一般费用进行审计时，注册会计师对上期发生的费用实施了审计程序，选取了适量的样本，检查了原始凭证是否齐全、记账凭证与原始凭证是否相符以及账务处理是否正确等，结果满意。

要求：针对上述第（1）至（5）项，逐项指出李华注册会计师的职业判断是否恰当。如不恰当，简要说明理由。

六、编制工作底稿题

1.福源公司2023年12月31日应付账款明细资料见表10-4。

表10-4　　　　福源公司2023年12月31日应付账款明细资料　　　　单位：元

单位名称	借方余额	贷方余额	合计	核算内容
一、应付账款关联方				
甲公司		3 357 551.97	3 357 551.97	材料费
乙公司		6 298 149.09	6 298 149.09	设备款
⋮				
小计		12 258 903.40	12 258 903.40	
二、应付账款非关联方				
丁公司		12 603 202.88	12 603 202.88	材料费
戊公司		8 699 160.92	8 699 160.92	材料费
⋮				
小计		23 638 042.04	23 638 042.04	
合计		35 896 945.44	35 896 945.44	

注册会计师王林于2024年1月26日完成了对福源公司应付账款的测试。经测试，发现欠丁公司的款项中有200万元因对方将材料发错，在2023年12月29日已经退回材料，

但没有及时冲销应付账款，福源公司已同意调整账目。

要求：请你代注册会计师王林编制应付账款审定表（见表10-5）的部分内容（索引号为FD1，复核人为注册会计师张梅，复核日期为2024年1月27日）。

表10-5　　　　　　　　　　应付账款审定表

被审计单位：_____　　索引号：_____
项　　目：_____　　财务报表截止日/期间：_____
编　　制：_____　　复　核：_____
日　　期：_____　　日　期：_____

项目类别	本期未审数	账项调整		重分类调整		本期审定数	上期审定数
		借方	贷方	借方	贷方		
一、应付账款关联方							
二、应付账款非关联方							

审计说明：

审计结论：

2. 福源公司2023年12月31日固定资产、累计折旧及减值准备明细表部分资料见表10-6。

表10-6　　　　　**固定资产、累计折旧及减值准备明细表**　　　　单位：元

项目名称	期初余额	本期增加	本期减少	期末余额	备注
一、固定资产原值合计	324 568 001.71	67 908 253.31	1 462 198.04	391 014 056.98	
其中：房屋及建筑物	15 905 085.44	3 380 583.56	637 724.48	18 647 944.52	
机器设备	296 873 260.17	64 527 669.75	824 473.56	360 576 456.36	
运输设备	8 755 964.04			8 755 964.04	
⋮					
二、累计折旧合计	20 399 378.32	2 703 516.44	746 285.14	22 356 609.62	
其中：房屋及建筑物	6 297 811.12	1 509 607.38	2 263.49	7 805 155.01	
机器设备	12 100 232.80	686 829.45	359 776.03	12 427 286.22	
运输设备	914 819.92	209 256.13	139 794.19	984 281.86	
⋮					
三、减值准备合计					
四、账面价值合计	304 168 623.39	65 204 736.87	715 912.90	368 657 447.36	
其中：房屋及建筑物	9 607 274.32	1 870 976.18	635 460.99	10 842 789.51	
机器设备	284 773 027.37	63 840 840.30	464 697.53	348 149 170.14	
运输设备	7 841 144.12	(209 256.13)	(139 794.19)	7 771 682.18	
⋮					

　　注册会计师王林于2024年1月22日完成了对福源公司固定资产的测试。经测试，发现有一台机器设备在2023年12月15日由在建工程交付使用，但没有记入固定资产明细账和总账，价值30万元，被审计单位已经同意调整。

　　要求：请你代注册会计师王林编制固定资产审定表（见表10-7）的部分内容（编制日期为2024年1月22日，索引号为ZO1，复核人为注册会计师张梅，复核日期为2024年1月23日）。

表10-7　　　　　　　　　**固定资产审定表**

被审计单位：＿＿＿＿＿＿＿＿　　　索引号：＿＿＿＿＿＿＿＿

项　　目：＿＿＿＿＿＿＿＿　　　财务报表截止日/期间：＿＿＿＿＿

编　　制：＿＿＿＿＿＿＿＿　　　复　核：＿＿＿＿＿＿＿＿

日　　期：＿＿＿＿＿＿＿＿　　　日　期：＿＿＿＿＿＿＿＿

项目名称	本期未审数	账项调整		重分类调整		本期审定数	上期审定数
		借方	贷方	借方	贷方		
一、固定资产原值合计							
其中：房屋及建筑物							
机器设备							
运输设备							
⋮							
二、累计折旧合计							
其中：房屋及建筑物							
机器设备							
运输设备							
⋮							
三、减值准备合计							
四、账面价值合计							
其中：房屋及建筑物							
机器设备							
运输设备							
⋮							

审计说明：

审计结论：

3.表10-8列示的是福源公司2023年12月29日部分固定资产明细情况。

表10-8　　　　　　　福源公司2023年12月29日部分固定资产明细情况　　　　　金额单位：元

序号	名称	规格型号	计量单位	单价	账面结存	
					数量	金额
1	斗提机		台	3 526 551.32	3	10 579 653.96
2	输送机		台	454 045.73	1	454 045.73
3	车床		台	203 589.00	5	1 017 945.00
4	机床		台	70 066.00	8	560 528.00
⋮						

　　注册会计师王林在2023年12月29日同福源公司固定资产使用部门、设备管理部门、财务部门等人员，对该公司固定资产进行了盘点检查。盘点检查比例为全部固定资产的15%。经盘点检查，账实相符，没有发现问题。

　　要求：请代注册会计师王林完成固定资产盘点检查表（见表10-9）的编制（编制日期为2023年12月29日，索引号为Z03，复核人为注册会计师张梅，复核日期为2023年12月31日）。

表10-9　　　　　　　　　　　　　固定资产盘点检查表

被审计单位：_____　　　　　　索引号：_____
项　　　目：_____　　　　　　财务报表截止日/期间：_____
编　　　制：_____　　　　　　复　核：_____
日　　　期：_____　　　　　　日　期：_____

序号	名称	规格型号	计量单位	单价	账面结存		被审计单位盘点			实际检查			备注
					数量	金额	数量	金额	盈亏(+、-)	数量	金额	盈亏(+、-)	
1	斗提机												
2	输送机												
3	车床												
4	机床												
⋮													

审计说明：

第11章

生产与存货循环审计

【学习目的与要求】

生产与存货循环审计属于审计实务的重点与难点。本章主要学习生产与存货循环中的主要业务活动，生产与存货循环的内部控制和控制测试。生产与存货循环所涉及的资产负债表项目主要是存货，包括材料采购或在途物资、原材料、材料成本差异、库存商品、发出商品、商品进销差价、委托加工物资、委托代销商品、受托代销商品、周转材料、生产成本、制造费用、劳务成本、存货跌价准备、受托代销商品款等；涉及的利润表项目主要是营业成本，包括主营业务成本和其他业务成本。通过本章学习，旨在了解生产与存货循环的主要业务活动，了解生产与存货循环的内部控制，理解生产与存货循环控制测试，熟练掌握存货监盘和存货计价审计的内容和程序。在本章知识学习基础上，学生能够识别本循环的内部控制缺陷，能够评估本循环的重大错报风险，能够建立本循环主要项目的认定、审计目标、实质性程序三者之间的关系，能够对认定层次的重大错报风险开展实质性程序进行应对，以收集本循环充分、适当的审计证据，并能熟练编制生产与存货循环的审计工作底稿。

【本章岗课赛证融通训练】

一、判断题

1.具体来说，存货监盘涉及检查存货以确定其是否存在，评价存货状况，并对存货盘点结果进行测试。 （　）

2.注册会计师如果认为被审计单位的存货盘点程序存在缺陷，不应当提请被审计单位调整。 （　）

3.存货正确截止的关键在于存货实物纳入盘点范围的时间和存货引起的借贷双方会计科目的入账时间都处于同一会计期间。 （　）

4.存货监盘的目的仅是获取有关存货数量的审计证据。 （　）

5. 定期盘点存货，合理确定存货的数量和状况是被审计单位管理层的责任。（　　）

6. 注册会计师应当从存货盘点记录中选取项目追查至存货实物以测试盘点记录的完整性；注册会计师还应当从存货实物中选取项目追查至存货盘点记录，以测试存货盘点记录的准确性。（　　）

7. 如果注册会计师在实施抽查程序中发现了差异，很可能表明被审计单位的存货盘点记录在准确性或完整性方面存在错误。一方面，注册会计师应当查明原因，并及时提请被审计单位更正；另一方面，注册会计师应当考虑错误的潜在范围和重大程度，在可能的情况下，扩大抽查的范围以减少错误的发生。（　　）

8. 在任何情况下，注册会计师都应当对被审计单位的存货实施现场监盘。（　　）

9. 被审计单位盘点存货前，注册会计师不需要观察盘点现场。（　　）

10. 如果被审计单位委托其他单位保管或控制的存货对财务报表是重要的，注册会计师应当向保管或控制存货的单位实施函证程序，以获取有关该存货存在和状况的充分、适当的审计证据。（　　）

11. 如果在存货盘点现场实施存货监盘不可行，注册会计师应当实施替代审计程序，以获取有关存货的存在和状况的充分、适当的审计证据。（　　）

12. 存货盘点清查一方面是要核对实物的数量，是否与相关记录相符，账实相符；另一方面也要关注实物的质量，是否有明显的损坏。（　　）

13. 注册会计师主要采用观察程序实施存货监盘。（　　）

14. 对所有权不属于被审计单位的存货，注册会计师应当取得其规格、数量等有关资料，确定是否已单独摆放、标明，且未纳入盘点范围。（　　）

15. 从存货盘点记录追查至存货实物，是确认存货记录的完整性。（　　）

二、单项选择题

1. K 公司实行实地盘存制。在复核 2024 年 1 月 2 日对 K 公司的存货监盘备忘及相关审计工作底稿时，注意到以下情况，其中做法正确的是（　　）。

A. 监盘前将抽盘范围告知 K 公司，以便其做好相关准备

B. 索取全部盘点表并按编号顺序汇总后，进行账账、账实核对

C. 抽盘后将抽盘记录交予 K 公司，要求 K 公司据以修正盘点表

D. 未能监盘期初存货，根据期末监盘结果倒推期初存货余额，并予以确认

2. （　　）是企业下达生产产品等生产任务的书面文件，是通知生产车间组织产品生产、供应部门组织材料发放、会计部门组织成本计算的依据。

A. 生产任务通知单　　B. 发料单　　　　　C. 领料单　　　　　D. 保管单

3. 生产与存货循环可以看成是由两个既相互独立又密切联系的系统组成的，一个涉及商品的实物流程，另一个涉及与之相关的（　　）。

A. 成本、价值流程　　B. 加工流程　　　　C. 人员流程　　　　D. 收付流程

4. 注册会计师观察被审计单位存货盘点的主要目的是（　　）。

A. 查明被审计单位是否漏盘某些重要的存货项目

B. 鉴定存货的质量

C. 了解存货的种类

D.获得存货期末是否实际存在及其状况的证据

5.被审计单位永续盘存记录应由（　　　）。

A.存储部门负责 　　　　　　　　　　　B.验收部门负责

C.会计部门负责 　　　　　　　　　　　D.采购部门负责

6.产成品的发出须由独立的发运部门进行。装运产成品时必须持有经有关部门核准的发运通知单，并据此编制（　　　）。

A.入库单 　　　　　B.发票 　　　　　C.出库单 　　　　　D.产品成本计算单

7.存货监盘程序是用作控制测试还是实质性程序，取决于注册会计师的（　　　）、审计方案和实施的特定程序。

A.审计费用 　　　B.实际时间 　　　C.审计重要性 　　　D.风险评估结果

8.生产与存货循环的内部控制主要包括存货的内部控制和（　　　）两项内容。

A.采购业务的内部控制 　　　　　　　　B.价值流转记录程序的内部控制

C.成本会计制度的内部控制 　　　　　　D.销售业务的内部控制

9.被审计单位的存货盘点计划最好由被审计单位和注册会计师共同制订，但盘点计划的责任由（　　　）承担。

A.合伙人 　　　　　　　　　　　　　　B.被审计单位

C.审计项目负责人 　　　　　　　　　　D.负责该项目的注册会计师

10.产成品入库，须由（　　　）部门先行点验和检查，然后签收。签收后，填制产成品入库单，并将实际入库数量通知会计部门。

A.仓库 　　　　　B.采购 　　　　　C.生产 　　　　　D.销售

11.下列各项中，属于生产与存货循环业务流程内部控制中存在缺陷的是（　　　）。

A.生产单位根据生产任务通知单将生产任务安排给生产工人，并将领取的材料交给生产工人进行生产加工

B.生产单位根据生产任务通知单，填写领料单，由部门经理批准后，交仓库部门领料

C.材料或产品经过验收入库后，保管人员根据入库单填写"仓库货物登记簿"，并由财务人员建立台账

D.存货发生报废，应由经办人员填写报废审批单，经部门主管审批后交有关部门审核，最终送给被授权人批准

12.如果注册会计师认为存货数量存在舞弊导致的重大错报风险，下列做法中，通常不能应对该风险的是（　　　）。

A.要求被审计单位在报告期末或邻近期末的时点实施存货盘点

B.在不预先通知的情况下对特定存放地点的存货实施监盘

C.利用专家的工作对特殊类型的存货实施更严格的检查

D.扩大与存货相关的内部控制测试的样本规模

13.下列有关存货监盘目的的说法中，错误的是（　　　）。

A.存货监盘可以获取存货完整性认定及计价和分摊认定的部分证据

B.存货监盘本身并不足以供注册会计师确定存货的所有权，注册会计师可能需要执行其他实质性程序以应对所有权认定的相关风险

C.存货监盘针对的主要是存货的存在认定、完整性认定

D.存货监盘针对的主要是存货的存在认定

14.下列有关存货监盘审计程序的说法中，错误的是（　　　）。

A.被审计单位相关人员完成存货盘点后，注册会计师进入存货存放地点对已盘点存货实施检查程序

B.对于受托代存的存货，实施向存货所有权人函证等审计程序

C.对于因性质特殊而无法监盘的存货，实施向客户或供应商函证等审计程序

D.对于已作质押的存货，向被审计单位债权人函证与被质押存货相关的内容

15.下列有关对存货实施抽盘程序的说法中，错误的是（　　　）。

A.抽盘的目的主要是获取有关盘点记录准确性和完整性的审计证据

B.注册会计师应尽可能地让被审计单位了解自己将抽取测试的存货项目，以便双方协调提高效率

C.抽盘时如果发现抽盘差异，注册会计师应当考虑错误的潜在范围和重大程度，在可能的情况下，扩大检查范围以减少错误的发生

D.获取管理层完成的存货盘点记录的复印件有助于注册会计师日后实施审计程序，以确定被审计单位的期末存货记录是否准确地反映了存货的实际盘点结果

16.针对仓储部门向生产部门发出原材料这一环节，甲公司规定了领料单的下列传递流程。其中，不必要的是（　　　）。

A.一联连同材料交给领料部门

B.一联由验收部门验收发出的材料后留存

C.一联交会计部门进行材料收发和成本核算

D.一联留在仓库登记材料明细账

17.注册会计师通过甲公司的内部控制手册了解到该公司从产成品完工到入库需经历下列环节，并列示了所涉及的部门及其职责。其中，存在设计缺陷的是（　　　）。

A.仓库部门点验　　　　　　　　　　　B.验收部门验收

C.财务部门查点　　　　　　　　　　　D.仓库部门签收

三、多项选择题

1.存货监盘计划应当包括的内容有（　　　）。

A.存货监盘的要点及关注事项　　　　　B.存货监盘的目标、范围及时间安排

C.参加存货监盘人员的分工　　　　　　D.检查存货的范围

2.注册会计师对某公司2023年度财务报表进行审计时，实施存货截止测试程序可查明（　　　）。

A.少计2023年度的存货和应付账款　　　B.多计2023年度的存货和应付账款

C.虚增2023年度的利润　　　　　　　　D.虚减2023年度的利润

3.审计中（　　　）等事项本身，不能作为注册会计师省略不可替代的审计程序或满足于说服力不足的审计证据的正当理由。

A.困难　　　　　　B.环境　　　　　　C.成本　　　　　　D.时间

4.对被审计单位存货的审计是最复杂、最费时的部分，其原因是（　　　）。

A.存货占资产比重大　　　　　　　　　B.存货放置地点不同，实物控制不便

C.存货项目的种类繁多　　　　　　　　　D.存货计价方法多样化

5.成本会计制度的控制测试包括（　　　）。

A.直接材料成本控制测试

B.直接人工成本控制测试

C.制造费用控制测试

D.生产成本在当期完工产品与在产品之间分配的控制测试

6.存货的监盘针对的主要是存货的（　　　）认定，存货数量的准确性直接影响到这些认定。

A.存在　　　　　　　B.完整性　　　　　　C.发生　　　　　　D.权利和义务

7.存货监盘的时间，包括（　　　）等，应当与被审计单位实施存货盘点的时间相协调。

A.实地察看盘点现场的时间　　　　　　　B.观察存货盘点的时间

C.对已盘点存货实施检查的时间　　　　　D.编制总体审计策略的时间

8.存货监盘的范围大小取决于（　　　）。

A.存货的内容　　　　　　　　　　　　　B.存货重大错报风险的评估结果

C.存货的性质　　　　　　　　　　　　　D.与存货相关的内部控制的完善程度

9.下列各项中，审计人员可以据以判断生产与存货循环内部控制风险较高的有（　　　）。

A.内部审计人员监督存货盘点

B.存货盘点只由仓库保管员实施

C.定期对陈旧过时的存货进行处理

D.存货盘点结果显示存在较多账实不符情况

10.注册会计师对制造类企业财务报表实施审计时，影响生产与存货交易和余额的重大错报风险可能包括（　　　）。

A.成本基础的复杂性

B.某些存货项目的可变现净值难以确定

C.将存货存放在很多地点

D.制造技术的专业性

11.影响存货项目的重大错报风险的因素有（　　　）。

A.存货的数量和种类　　　　　　　　　　B.成本归集的难易程度

C.陈旧过时的速度　　　　　　　　　　　D.遭受失窃的难易程度

12.注册会计师在测试甲公司成本的完整性认定时，应实施的实质性程序包括（　　　）。

A.对成本实施实质性分析程序

B.检查材料费用分配表的编号是否连续

C.将工薪费用分配表与成本明细账核对

D.从成本明细账追查到生产通知单

13.注册会计师通过询问和观察甲公司针对存货及其记录的接触控制以及相应的批准程序，可以证实与存货的（　　　）认定相关的内部控制的有效性。

A.存在　　　　　　　　　　　　　　　　B.发生

C.完整性 D.计价

14.实施存货计价测试时，对于抽查到的领料单，注册会计师应当检查（ ）。

A.领料单的签发是否经过授权

B.材料单位成本计价方法是否正确

C.领料单是否在正确的会计期间入账

D.与材料发出汇总表是否核对相符

四、简答题

1.生产与存货循环中的主要业务活动有哪些？

2.影响生产与存货交易和余额的重大错报风险有哪些？

3.存货监盘的作用有哪些？

4.制订存货监盘计划应考虑的事项有哪些？

5.存货监盘计划的内容有哪些？

6.简述存货监盘程序。

7.在存货监盘程序中，对于抽盘中发现问题的如何进一步处理？

8.如果审计人员在存货盘点现场实施存货监盘不可行，应开展哪些审计程序证实存货的数量、状况？

9.如果审计人员因不可预见的情况导致无法在存货盘点现场实施监盘，应开展哪些审计程序证实存货的数量、状况？

10.简述存货计价测试程序。

五、实务题

1.甲公司是一家专营商品零售的股份公司。ABC会计师事务所在接受其审计委托后，委派注册会计师李英担任外勤负责人，并将签署审计报告。经过审计预备调查，李英确定存货项目为重点审计领域，同时决定根据财务报表认定确定存货项目的具体审计目标，并选择相应的具体审计程序以保证审计目标的实现。

要求：假定表11-1中的具体审计目标已经被注册会计师李英所选定。指出李英应当确定的与各具体审计目标最相关的财务报表认定和最恰当的审计程序。（根据表11-1后列示的财务报表认定及审计程序，分别选择一项，对每项财务报表认定和审计程序，可以选择一次、多次或不选）

表11-1 相关资料表

财务报表认定	具体审计目标	审计程序
	公司对存货均拥有所有权	
	记录的存货数量包括了公司所有的在库存货	
	按成本与可变现净值孰低法调整期末存货的价值	
	存货成本计算准确	
	存货的主要类别和计价基础已在财务报表恰当披露	

财务报表认定：（1）完整性；（2）存在；（3）分类和可理解性；（4）权利与义务；（5）计价和分摊。

审计程序：A.检查现行销售价目表；B.审阅财务报表；C.在监盘存货时，选择一定样本，确定其是否包括在盘点表内；D.选择一定样本量的存货会计记录，检查支持记录的购货合同和发票；E.在监盘存货时，选择盘点表内一定样本量的存货记录，确定存货是否在库；F.测试直接人工费用的合理性。

2.注册会计师正在拟订对乐胜公司存货监盘的计划，由助理人员实施监盘工作，下面是有关监盘计划和监盘工作的安排：

（1）注册会计师在制订监盘计划时，应与乐胜公司沟通，确定检查的重点。

（2）对外单位存放于乐胜公司的存货，注册会计师未要求纳入盘点的范围，助理人员也未实施其他审计程序。

（3）乐胜公司的一批重要存货已经被银行质押，助理人员通过电话询问了其存在性。

要求：请指出上述有关存货监盘计划和监盘工作是否存在不当之处；如存在，请予以更正。

3.审计人员受托对某企业在产品成本进行审查。该企业按约当产量法计算在产品成本，审计人员审阅基本生产成本明细账时，发现月初在产品成本为 239 040 元，其中，直接材料 144 000 元，直接人工 36 000 元，其他直接支出 5 040 元，制造费用 54 000 元。本月发生费用为 999 000 元，其中，直接材料 662 400 元，直接人工 90 000 元，其他直接支出 12 600 元，制造费用 234 000 元。本月完工产品 480 台，月末在产品 240 台，在产品投料率为 80%，完工率为 50%。经查实，本月账面在产品实际成本为 479 880 元，其中，直接材料 350 400 元，直接人工 42 000 元，其他直接支出 5 880 元，制造费用 81 600 元，本月完工产品成本已经结转。

要求：

（1）说明审计人员应采用的审计方法；

（2）指出该企业在产品成本计算上存在的问题；

（3）提出处理意见。

4.注册会计师对甲公司2023年度财务报表进行审计时发现：会计部门每月末编制存货的结存成本及可变现净值汇总表，将结存成本低于可变现净值的部分确认为存货跌价准备。

要求：指出上述所述内部控制主要与哪些财务报表项目的哪些认定相关。判断该项控制在设计上是否存在缺陷；如果存在，请予以指出，并提出改进建议。

5.注册会计师王民负责对常年审计客户甲公司2023年度财务报表进行审计。甲公司从事商品零售业，存货占其资产总额的60%。除自营业务外，甲公司还将部分柜台出租，并为承租商提供商品仓储服务。根据以往的经验和期中测试的结果，王民认为甲公司有关存货的内部控制有效。王民计划于2023年12月31日实施存货监盘程序。王民编制的存货监盘计划部分内容摘录如下：

（1）在到达存货盘点现场后，监盘人员观察代柜台承租商保管的存货是否已经单独存放并予以标明，确定其未被纳入存货盘点范围。

（2）在甲公司开始盘点存货前，监盘人员在拟检查的存货项目上作出标识。

（3）对存货监盘过程中收到的存货要求甲公司单独码放，不纳入监盘的范围。

（4）在存货监盘结束时，监盘人员将除作废外的盘点表单的号码记录于监盘工作底稿。

要求：针对上述各项，逐项指出是否存在不当之处。如果存在，简要说明理由。

6.甲公司为一家食品加工企业。注册会计师李胜负责审计甲公司2023年度财务报表，确定存货为重要账户，并拟对存货实施监盘。存货监盘计划的部分内容摘录如下：

（1）甲公司共有5个存货仓库，各仓库的存货盘点及监盘时间安排见表11-2。

表11-2　　　　　　　　各仓库的存货盘点及监盘时间安排

仓库编号	存货名称	盘点及监盘时间
仓库1	存货A	2023年12月31日
仓库2	存货B	2023年12月31日
仓库3	存货A	2023年12月30日
仓库4	存货C	2023年12月30日
仓库5	存货D	2023年12月31日

（2）对盘点结果进行测试时，从存货实物选取项目追查至存货盘点记录。

（3）观察盘点现场，确定应纳入盘点范围的存货是否已经适当整理和排列，并附有盘点标识，同时关注存货盘点是否存在遗漏和重复。

（4）存货B为饮料，按箱存放，包装方式为：每箱有10个纸盒，每个纸盒中有12支饮料。抽盘时应该开箱检查，以验证每箱是否确有10个纸盒，并核对该产品是否已接近或超过保质期。

（5）存货C为燃料煤，按堆存放，监盘时应当先测量其体积，并根据体积和比重估算库存数量。

（6）存货D为原材料，甲公司对存货D的入库单连续编号。存货D盘点结束时，检查截至盘点日最后一张入库单并取得复印件，以用于对该存货入库实施的截止性测试。

要求：针对上述各项，逐项指出存货监盘计划是否恰当；如不恰当，简要说明理由。

7.注册会计师刘楠于2024年1月8日至12日对甲公司生产与存货循环的内部控制进行了解和测试，并在相关的审计工作底稿中作了记录，现摘录部分内容如下：

（1）生产计划人员根据销售预测编制生产计划，经主管领导批准后，向生产部门签发连续编号的生产任务通知单，生产班组长接到生产任务通知单后审批领料单，并到仓库领取申请的材料。

（2）仓库保管员审核领料单无误后，将其中一联连同材料交给领料员，其余两联经仓库保管员登记材料明细账后，送会计部门进行材料收发核算和成本核算。

（3）生产部门未耗用完的辅助材料，由生产部门自行保管，无需通知仓库。

（4）会计部门的成本会计员根据收到的生产任务通知单、领料单、工时记录和产成品入库单等资料，在月末编制材料费用、人工费用和制造费用分配表，以及完工产品与在产品成本分配表，经本部门的复核人员复核后，据以核算成本和登记相关账簿。

（5）仓库保管人员收到验收部门送交的存货和验收单后，点验和查收入库产品，并根据验收单登记存货台账。

（6）公司每半年对全部存货盘点一次，编制盘点表。会计部门与仓库在核对结存数量后，向管理层报告差异情况及形成原因，并在经批准后进行相应处理。

要求：指出甲公司生产与存货循环内部控制中存在的缺陷，并提出改进建议。

8.注册会计师孙明负责审计甲公司等多家被审计单位2023年度财务报表，与存货审计相关事项如下：

（1）在对甲公司存货实施监盘时，孙明在存货盘点现场评价了管理层用以记录和控制存货盘点结果的程序，认为其设计有效，孙明在检查存货并执行抽盘后结束了现场工作。

（2）因乙公司存货品种和数量均较少，孙明仅将监盘程序用作实质性程序。

（3）丙公司2023年年末已入库未收到发票而暂估的存货金额占存货总额的30%，孙明对存货实施了监盘，测试了采购和销售交易的截止，均未发现差错，据此认为暂估的存货记录准确。

（4）丁公司管理层未将以前年度已全额计提跌价准备的存货纳入本年末盘点范围，孙明检查了以前年度审计工作底稿，认可了管理层的做法。

（5）己公司管理层规定，由生产部门人员对全部存货进行盘点，再由财务部门人员抽取50%进行复盘，孙明对复盘项目执行抽盘，未发现差异，据此认可了管理层的盘点结果。

要求：请逐项指出孙明的做法是否恰当。如不恰当，简要说明理由。

9.刘海注册会计师负责对常年审计客户甲公司2023年度财务报表进行审计，甲公司经营范围涉及多个行业，审计项目组实施存货监盘的部分事项如下：

（1）由于突降大雪，导致刘海注册会计师无法按照预计的时间抵达存货监盘现场，注册会计师决定检查甲公司生产记录以及出入库凭证来验证存货的存在。

（2）甲公司生产的S产品，存放在不同的仓库中，由于盘点人手不足，甲公司决定在不同日期对S产品进行盘点。

（3）刘海注册会计师获取盘点日前后存货收发及移动的凭证，以确定甲公司是否将截止日前入库的存货及截止日后出库的存货均纳入盘点范围。

（4）甲公司生产的钢材委托外地专用仓库保管，刘海注册会计师认为到实地监盘路途遥远，浪费大量的时间，并且需要耗费大量的交通费、差旅费，认为存货监盘不可行，所以向保管钢材的仓库函证。

（5）刘海注册会计师对甲公司盘点的存货执行抽盘，抽取样本规模50个，发现1个样本项目存在盘点错误，要求甲公司在盘点记录中更正了该项错误。B注册会计师认为该错误在金额和数量方面均不重要，因此，对抽盘结果表示满意，不再实施其他审计程序。

要求：针对上述（1）至（5）项，逐项指出刘海注册会计师的做法是否恰当。如不恰当，简要说明理由。

10.章冬注册会计师负责对乙公司2023年度财务报表进行审计，与存货审计相关的部分事项如下：

（1）2023年12月26日，章冬注册会计师对存货实施监盘，结果满意。因年末存货余额与盘点日余额差异较小，章冬注册会计师根据监盘结果认可了年末存货数量。

（2）在执行抽盘时，章冬注册会计师从存货盘点记录中选取项目追查到存货实物，从存货实物中选取项目追查至盘点记录，以获取有关盘点记录准确性和完整性的审计证据。

（3）章冬注册会计师向丙公司函证由其保管的乙公司存货的数量和状况，收到的传真件回函显示，数量一致，状况良好。章冬注册会计师据此认可了回函结果。

要求：针对上述（1）至（3）项，逐项指出章冬注册会计师的做法是否存在不当之处。如果存在，简要说明理由。

六、编制工作底稿题

1.福源公司2023年年末存货明细资料见表11-3。

表11-3 　　　　　　福源公司2023年年末存货明细表　　　　　　单位：元

项　目	金　额
原材料	26 327 598
在途材料	3 876 112
库存商品	16 435 376
自制半成品	3 665 988
合　计	50 305 074

注册会计师张越于2024年2月15日完成了对其的测试，无调整事项，除库存商品计提跌价准备60 000元外，其他项目没有发生减值。

要求：请你代注册会计师张越编制存货审定表（见表11-4）的部分内容（索引号为ZI1，复核人为注册会计师李丽，复核日期为2024年2月17日）。

表11-4 　　　　　　　　　　存货审定表

被审计单位：＿＿＿＿＿＿＿＿＿　　　索引号：＿＿＿＿＿＿＿＿＿

项　　目：＿＿＿＿＿＿＿＿＿　　　财务报表截止日/期间：＿＿＿＿＿＿＿＿＿

编　　制：＿＿＿＿＿＿＿＿＿　　　复　核：＿＿＿＿＿＿＿＿＿

日　　期：＿＿＿＿＿＿＿＿＿　　　日　期：＿＿＿＿＿＿＿＿＿

项目类别	本期末审数	账项调整		本期审定数	上期审定数（略）
		借方	贷方		
一、存货账面余额					
原材料					
在途材料					
库存商品					
自制半成品					
合　计					

续表

项目类别	本期未审数	账项调整		本期审定数	上期审定数（略）
		借方	贷方		
二、存货跌价准备					
原材料					
在途材料					
库存商品					
自制半成品					
合　计					
三、存货账面价值					
原材料					
在途材料					
库存商品					
自制半成品					
合　计					

审计说明：

（略）

审计结论：

2.福源公司2023年度和2022年度A产品和B产品生产成本累计发生额见表11-5。

表11-5　　　　　　　　福源公司2023年度和2022年度
A产品和B产品生产成本累计发生额　　　　　　　　单位：元

产品名称		成本项目			
		直接材料	直接人工	制造费用	合　计
A产品	2023年度	4 657 398.36	986 176	1 456 675.38	7 100 249.74
	2022年度	4 384 568.26	798 632	1 387 973.12	6 571 173.38
B产品	2023年度	3 786 134.25	876 563	1 176 487.75	5 839 185
	2022年度	3 435 865.77	748 396	1 098 285.66	5 282 547.43

要求：请你代注册会计师张越编制生产成本构成分析表（见表11-6）的部分内容

（编制日期为 2024 年 2 月 16 日，索引号为 ZI7，复核人为注册会计师李丽，复核日期为 2024 年 2 月 18 日）。

表 11-6　　　　　　　　　　生产成本构成分析表

被审计单位：＿＿＿＿＿＿＿＿＿　　索引号：＿＿＿＿＿＿＿＿＿

项　　　目：＿＿＿＿＿＿＿＿＿　　财务报表截止日/期间：＿＿＿＿＿＿

编　　　制：＿＿＿＿＿＿＿＿＿　　复核：＿＿＿＿＿＿＿＿＿

日　　　期：＿＿＿＿＿＿＿＿＿　　日　期：＿＿＿＿＿＿＿＿＿

项　　目			直接材料	直接人工	制造费用	合　计
A 产品	2023 年度	1—12 月发生额				
		各项目所占比例				
	2022 年度	1—12 月发生额				
		各项目所占比例				
	对比结果					
B 产品	2023 年度	1—12 月发生额				
		各项目所占比例				
	2022 年度	1—12 月发生额				
		各项目所占比例				
	对比结果					

审计说明：

3. 福源公司 2023 年度和 2022 年度制造费用累计发生额见表 11-7。

表 11-7　　　福源公司 2023 年度和 2022 年度制造费用累计发生额　　　单位：元

项目	2023 年度	2022 年度
工资	29 000	30 000
折旧费	500 000	500 000
修理费	697 000	745 000
劳动保护费	24 000	25 000
合计	1 250 000	1 300 000

注册会计师张越于 2024 年 2 月 18 日完成了对其的测试，无调整事项。

要求：请你代注册会计师张越编制制造费用构成分析表（见表 11-8）的部分内容

（索引号为ZI8-1，复核人为注册会计师李丽，复核日期为2024年2月21日）。

表11-8　　　　　　　　　　　　制造费用构成分析表

被审计单位：＿＿＿＿＿＿＿＿＿＿　　索引号：＿＿＿＿＿＿＿＿＿＿

项　　目：＿＿＿＿＿＿＿＿＿＿　　财务报表截止日/期间：＿＿＿＿＿＿

编　　制：＿＿＿＿＿＿＿＿＿＿　　复　核：＿＿＿＿＿＿＿＿＿＿

日　　期：＿＿＿＿＿＿＿＿＿＿　　日　期：＿＿＿＿＿＿＿＿＿＿

制造费用项目	2023年度		2022年度		比重变动幅度	年度间变动额
	金额	比重	金额	比重		
工资						
折旧费						
修理费						
劳动保护费						
合计						

审计说明：

第12章

货币资金审计

【学习目的与要求】

货币资金循环审计属于审计实务的重点。本章主要学习货币资金与各交易循环的关系、货币资金内部控制的内容、库存现金和银行存款的控制测试、库存现金和银行存款审计的目标及其实质性程序。通过本章学习，要求学生了解货币资金与各交易循环中的业务活动之间的关系；理解货币资金内部控制的基本内容，掌握对其进行控制测试的程序；明确库存现金、银行存款的审计目标，掌握对其执行实质性程序的基本步骤和方法。在本章知识学习基础上，学生能够识别货币资金的内部控制缺陷，评估货币资金的重大错报风险，建立对库存现金和银行存款的认定、审计目标、实质性程序三者之间的关系，能够对认定层次的重大错报风险开展实质性程序进行应对，以收集充分、适当的审计证据，并能熟练编制库存现金和银行存款的审计工作底稿。

【本章岗课赛证融通训练】

一、判断题

1.除了岗位分离和授权批准制度外，库存现金和银行存款的管理制度以及票据和有关印章的保管制度也是货币资金内部控制的要点。（　　）

2.若被审计单位财会人员较少时，出纳员可以兼任债权债务账目的登记工作。
（　　）

3.出纳员可以兼任库存现金总账的登记工作，不得由一人办理货币资金业务的全过程。（　　）

4.企业对于重要货币资金支付业务，应当实行集体决策和审批，并建立责任追究制度。（　　）

5.单位现金收入应及时存入银行，不得直接用于单位自身的支出，因特殊情况需要坐支现金的，应事先报经开户银行审查批准。（　　）

6.企业应当指定专人定期核对银行账户，每月至少核对两次。（   ）

7.所有货币资金的支付都必须经过适当的审批后才能开支；应当按照支付申请、支付审批、支付复核和办理支付的程序付款。（   ）

8.被审计单位资产负债表中的现金数额，应以盘点日实有数额为准。（   ）

9.函证银行存款的唯一目的是证实银行存款是否真实存在。（   ）

10.若被审计单位短期借款账户的余额为零，则注册会计师一般不对其实施函证。（   ）

11.审查结算日银行存款余额调节表是为了证实资产负债表中所列的"货币资金"项目中包含的银行存款是否存在。（   ）

12.注册会计师如果从被审计单位内部获取了银行对账单，则没有必要再对银行存款实施函证。（   ）

13.注册会计师对被审计单位库存现金进行细节测试的起点是核对库存现金日记账与总账金额是否相符。（   ）

14.银行存款截止测试的关键是确定被审计年度企业对各银行账户开出的最后一张支票号码。（   ）

15.对批准后的货币资金支付申请进行复核时，复核人不必复核批准范围、权限、程序是否正确。（   ）

二、单项选择题

1.关于出纳员的岗位职责，以下没有违背不相容职务分离控制的是（   ）。

A.出纳员承担现金收付、银行结算及货币资金日记账核算工作，同时兼任会计档案保管工作

B.出纳员兼任固定资产卡片的登记工作

C.出纳员保管签发支票所需的全部印章

D.出纳员兼任收入明细账和总账的登记工作

2.关于岗位分工及授权批准，以下做法中，恰当的是（   ）。

A.银行存款出纳员同时编制银行存款余额调节表

B.出纳员兼任支出明细账的登记工作

C.出纳员同时审核原始凭证、编制记账凭证

D.出纳员同时登记库存现金日记账

3.可以实现库存现金账实相符的最有效的内部控制程序是（   ）。

A.定期核对总账和日记账   B.定期盘点库存现金

C.定期和不定期盘点库存现金   D.指定专人定期核对银行账户

4.被审计单位货币资金循环的下列职责分工，容易导致内部控制失效的是（   ）。

A.财务专用章应由专人保管，个人名章必须由本人或其授权人员保管，严禁一人保管支付款项所需的全部印章

B.因特殊情况需坐支现金的，应事先报总经理审查批准

C.严禁未经授权的机构或人员办理货币资金业务或直接接触货币资金

D.企业有关部门或个人用款时，应当提前向审批人提交货币资金支付申请，注明款

项的用途、金额、预算、支付方式等内容，并附有效经济合同或相关证明

5.关于库存现金和银行存款的管理，以下情形中，恰当的是（　　）。

A.出纳员每月必须核对银行账户，针对每一银行账户分别编制银行存款余额调节表，使银行存款账面余额与银行对账单调节相符

B.现金收入应及时存入银行，不得坐支

C.企业应当严格遵守银行结算纪律，不准签发票据

D.企业应当定期和不定期地进行现金盘点

6.关于票据和有关印章的管理，以下情形中，不恰当的是（　　）。

A.出纳员个人名章应当交由财务负责人保管

B.严禁一人保管支付款项所需的全部印章

C.企业的财务专用章由财务负责人本人或其授权人保管

D.企业各种票据的购买、保管、领用、背书转让、注销等环节应当有明确的职责权限

7.如果注册会计师要证实被审计单位在临近12月31日签发的支票是否已登记入账，最有效的审计程序是（　　）。

A.检查12月31日的银行对账单

B.检查12月31日的银行存款余额调节表

C.函证当年12月31日的银行存款余额

D.检查当年12月的支票存根和银行存款日记账

8.被审计单位中应当参加库存现金监盘的人员是（　　）。

A.出纳员和会计主管　　　　　　　　B.财务总监和内部审计人员

C.出纳员和应收账款记账员　　　　　D.出纳员和总会计师

9.如果被审计单位某银行账户的银行对账单余额与银行存款日记账余额不符，最有效的审计程序是（　　）。

A.检查银行对账单中记录的资产负债表日前后的收付情况

B.重新测试相关的内部控制

C.检查银行存款日记账中记录的资产负债表日前后的收付情况

D.检查该银行账户的银行存款余额调节表

10.如果在资产负债表日后对库存现金进行盘点，应当根据盘点数、资产负债表日至（　　）的现金数，倒推计算资产负债表上所包含的现金数。

A.审计报告日　　　　　　　　　　　B.资产负债表日

C.盘点日　　　　　　　　　　　　　D.外勤工作结束日

11.向开户银行函证，可以证实若干项目标，其中最基本的目标是（　　）。

A.银行存款是否真实存在　　　　　　B.是否有欠银行的债务

C.是否有漏列的负债　　　　　　　　D.是否有充作抵押担保的存货

12.注册会计师为证实资产负债表中"货币资金"项目中包含的现金是否真实存在，下列程序中必须执行的是（　　）。

A.编制现金预算　　　　　　　　　　B.监盘库存现金

C.函证银行存款余额　　　　　　　　D.取得并审查银行存款余额调节表

13.在以下有关货币资金的内部控制中，存在重大缺陷的是（　　）。

A.指定专人保管财务专用章，签发支票的个人名章由其本人保管

B.对重要的货币资金支出业务，实行集体决策审批

C.现金收入当日存入银行，未经财务主管批准不得坐支

D.指定独立人员每月核对银行账户，编制银行存款余额调节表

14.X公司合理的规定是在（　　　）范围的支付业务，应当实行集体决策审批，个人不得单独审批。

A.10万元以下　　　　　　　　　　　　B.10万~20万元

C.20万~50万元　　　　　　　　　　　D.50万元以上

15.以下控制活动中最能够防止员工挪用现金收入的是（　　　）。

A.会计主管每日复核现金汇总表与库存现金日记账是否相符

B.负责现金收支的岗位与应收账款记账岗位职责分离

C.每一笔应收账款在作为坏账处理前均由董事会审批

D.会计主管审查出纳员记录的每一笔现金收入

16.下列审计程序中，通常不能为定期存款的存在认定提供可靠的审计证据的是（　　　）。

A.函证定期存款的相关信息

B.对于未质押的定期存款，检查开户证实书原件

C.对于已质押的定期存款，检查定期存单复印件

D.对于在资产负债表日后已到期的定期存款，核对兑付凭证

三、多项选择题

1.企业应当按照规定的程序办理货币资金支付业务，这些程序包括（　　　）。

A.支付申请　　　　B.支付审批　　　　C.办理支付　　　　D.支付复核

2.下列属于一个良好的货币资金内部控制应该达到的要求的有（　　　）。

A.货币资金收支与记账的岗位分离

B.按月盘点现金，编制银行存款余额调节表，以做到账实相符

C.控制现金坐支，当日收入现金应及时送存银行

D.如果货币资金内部控制良好，可以不对货币资金收支业务进行内部审计

3.下列与货币资金内部控制相关的说法中，不正确的有（　　　）。

A.对于审批人超越授权范围审批的货币资金业务，经办人员可以先办理，然后向审批人的上级授权部门报告

B.出纳人员应当根据复核无误的支付申请，按规定办理货币资金支付手续，及时登记库存现金和银行存款日记账

C.企业应当定期和不定期地进行库存现金盘点，确保库存现金账面余额与实际库存现金相符

D.出纳人员支付货币资金后，复核人员应立即进行复核

4.针对甲公司以下与货币资金相关的内部控制，注册会计师应提出改进建议的有（　　　）。

A.在办理费用报销的付款手续后，出纳员应及时登记库存现金、银行存款日记账和相关费用明细账

B.现金收入必须及时存入银行，不得直接用于公司的支出

C.指定负责成本核算的会计人员每月核对一次银行存款账户

D.期末应当核对银行存款日记账余额与银行对账单余额，对余额核对相符的银行存款账户，无须编制银行存款余额调节表

5.以下有关货币资金的内部控制中，不存在设计缺陷的有（　　）。

A.财务专用章应由专人保管，个人名章必须由本人或其授权人员保管

B.因特殊原因需坐支现金的，应事先报总经理审查批准

C.严禁未经授权的机构或人员办理货币资金业务或直接接触货币资金

D.企业有关部门或个人用款时，应当提前向审批人提交货币资金支付申请，注明款项的用途、金额、预算、支付方式等内容，并附有效经济合同或相关证明

6.出纳人员不得兼任的工作有（　　）。

A.会计档案保管　　　　　　　　B.收入支出账目的登记

C.债权债务账目的登记　　　　　　D.稽核

7.以下审计程序中，属于货币资金的控制测试程序的有（　　）。

A.观察财务经理复核付款申请的过程，是否核对了付款申请的用途、金额及后附相关凭据，以及在核对无误后是否进行了签字确认

B.重新核对经审批及复核的付款申请及其相关凭据，并检查是否经签字确认

C.观察现金盘点程序是否按照盘点计划的指令和程序执行，是否编制了库存现金盘点表并根据内部控制要求经财务部相关人员签字复核

D.针对调节项目，检查是否经财务经理批准后进行财务处理

8.以下审计程序中，属于银行存款的控制测试程序的有（　　）。

A.询问会计主管被审计单位本年账户开户、变更、撤销的整体情况

B.取得本年度账户开立、变更、撤销申请项目清单，检查清单的完整性，并在选取适当样本的基础上检查账户的开立、变更、撤销项目是否已经财务经理和总经理审批

C.针对选取的样本，检查银行存款余额调节表，查看调节表中记录的企业银行存款日记账余额是否与银行存款日记账余额保持一致

D.针对选取的样本，检查银行存款余额调节表，查看调节表中记录的银行对账单余额是否与被审计单位提供的银行对账单中的余额保持一致

9.在监盘库存现金的审计程序中，监盘库存现金的时间和人员应视被审计单位的具体情况而定，但参与人员必须包括（　　）。

A.出纳员　　　　　　　　　　B.会计主管人员

C.注册会计师　　　　　　　　D.公司经理

10.下列关于注册会计师监盘库存现金的做法中，不恰当的有（　　）。

A.在监盘的前一天通知公司做好监盘准备

B.监盘时间定在下午下班时进行

C.监盘前，出纳员把现金放入保险柜，并将已办妥现金收付手续的交易登入库存现金日记账，并结出账面余额

D.由注册会计师当场盘点现金，并填写"库存现金盘点表"

11.下列审计程序中，属于证实银行存款存在的重要程序的有（　　）。

A.盘点库存现金　　　　　　　　B.审查银行存款余额调节表

C.函证银行存款余额　　　　　　D.审查银行存款收支截止的正确性

12.下列有关寄发银行询证函的说法中，正确的有（　　）。

A.寄发给被审计单位开户银行的询证函采用的是积极的函证方式

B.要求银行直接将回函寄回会计师事务所

C.函证对象包括银行存款和借款等

D.向每一家开户银行寄发询证函

13.下列属于银行存款实质性程序的有（　　）。

A.审查银行存款余额调节表　　　B.函证银行存款余额

C.检查银行存款收支的正确截止　D.银行存款的控制测试

14.被审计单位2023年12月31日的银行存款余额调节表包括一笔"企业已付、银行未付"调节项，其内容为以支票支付赊购材料款。下列审计程序中，能为该调节项提供审计证据的有（　　）。

A.检查付款申请单是否经适当批准

B.就2023年12月31日相关供应商的应付账款余额实施函证

C.检查支票开具日期

D.检查2024年1月的银行对账单

15.为测试银行存款付款内部控制，注册会计师拟抽取银行存款付款凭证进行检查，检查的内容包括（　　）。

A.核对银行存款付款凭证与银行存款日记账的付出金额是否一致

B.核对银行存款付款凭证与银行对账单是否相符

C.核对银行存款付款凭证与应付账款明细账的记录是否一致

D.核对银行存款付款凭证的实付金额与验收单是否相符

四、简答题

1.为什么说货币资金与业务循环有密切的联系？

2.货币资金内部控制主要包括哪些内容？

3.库存现金控制测试的程序有哪些？

4.银行存款控制测试的程序有哪些？

5.库存现金的审计目标有哪些？

6.库存现金的实质性程序一般分为几步？

7.注册会计师如何对库存现金实施监盘？

8.银行存款的审计目标有哪些？

9.银行存款的实质性程序一般分为几步？

10.注册会计师如何函证银行存款余额？

11.注册会计师如何对银行存款实施分析程序？

12.注册会计师取得银行对账单和银行存款余额调节表应开展哪些审计程序？

五、实务题

1.甲公司出纳柴惠在日常工作中积极主动，深受领导的器重、同事的信任。但事实上，柴惠在其工作的一年半期间，先后利用 22 张现金支票编造各种理由提取现金 98.96 万元，均未记入库存现金日记账，构成贪污罪。其具体手段如下：

（1）隐匿 3 笔结汇收入和 7 笔会计开好的收汇转账单（记账联），共计 10 笔销售收入 98.96 万元，将其提现的金额与其隐匿的收入相抵，使 32 笔收支业务均未在银行存款日记账和银行余额调节表中反映。

（2）由于公司财务印章和公司印章合并，统一由行政人员保管，柴惠利用行政人员疏于监督开具现金支票。

（3）伪造银行对账单，将提现的整数金额改成带尾数的金额，并将提现的银行代码"11"改成托收的代码"88"。甲公司在清理逾期未收汇时曾经发现有 3 笔结汇收入未在银行存款日记账和银行存款余额调节表中反映，但当人手较少未能对此进行专项清查。

要求：请问甲公司存在哪些管理上的漏洞？甲公司应采取哪些补救措施？

2.注册会计师李军对甲公司 2023 年度财务报表实施审计，审计中对甲公司的货币资金内部控制进行了解和测试，发现以下情况：

（1）出纳员负责现金收付、收取、保管和开具银行支票，并保管所有支票印章，开具销售发票，登记库存现金和银行存款日记账，不定期盘点库存现金，每年编制一次银行存款余额调节表（不论收到几张对账单），3 天去一次银行存取现金，并收取银行对账单。

（2）副总经理以上领导及批准的特殊人员，可以根据需要到出纳处开取印章齐全的空白支票，供用款之需。

要求：指出上述内部控制是否存在问题。如果存在，请简要说明理由，并提出相应的改进建议。

3.2024 年 1 月 17 日下午 5 时 30 分，注册会计师张梅对 ABC 公司的库存现金进行突击盘点，盘点情况如下：

（1）实地盘点库存现金（人民币）结存数：100 元币 123 张，50 元币 81 张，10 元币 220 张，5 元币 84 张，1 元币 220 张，5 角币 58 张，其他硬币合计 7.06 元。现钞总计 19 226.06 元。

（2）查明截至 2024 年 1 月 16 日的库存现金日记账账面余额为 21 679.24 元

（3）查出已办理收款手续但尚未入账的收款凭证 9 张，金额合计 4 472.35 元。

（4）查出已办理付款手续但尚未入账的付款凭证 6 张，金额合计 4 226.18 元。

（5）发现库存现金日记账中夹有下列借据，共计 2 560 元：职工刘红 500 元借条一张，职工马明 1 000 元借条一张，职工李敏 1 060 元借条一张。3 张借条均未经有关领导批准，也未注明用途。

（6）发现保险柜中有 1 月 6 日收到销售产品的转账支票 1 张，金额 6 800 元。

（7）2024 年 1 月 1 日至 2024 年 1 月 17 日收入现金 82 600 元，支出现金 82 750 元；2023 年 12 月 31 日库存现金账面余额为 1 060.04 元。

（8）银行核定该厂的库存现金限额为 10 000 元。

要求：

（1）根据资料计算库存现金盈亏，并推算 2023 年 12 月 31 日库存现金实存额。

（2）指出 ABC 公司在库存现金管理中存在的问题，并提出审计意见。

4.在丁公司 2023 年度财务报表审计项目中，刘阳注册会计师负责货币资金审计，向往来银行实施了函证程序。审计工作底稿的部分内容摘录如下：

（1）丁公司收到 B 银行的银行对账单上显示 B 银行存款账户余额为 1 585 000 元，丁公司记录的 B 银行的银行存款日记账余额为 1 665 000 元。刘阳注册会计师将 1 665 000 元填列在银行询证函上银行存款的余额处。

（2）银行询证函中，除了银行存款及银行借款的相关信息，无其他内容。

（3）刘阳注册会计师收到 C 银行的询证函回函中标注"本信息是从电子数据库中取得，可能不包括被询证方所拥有的全部信息"。审计项目组致电该行，银行人员表示，这是标准条款，审计项目组据此认为回函可靠，并在审计工作底稿中记录了与银行的电话沟通内容。

要求：针对上述第（1）至（3）项，逐项指出是否恰当。如不恰当，简要说明理由。

5.注册会计师田园在对 Z 公司 2023 年度财务报表进行审计时，负责审计货币资金项目。审计工作底稿中与银行存款审计相关的部分内容摘录如下：

（1）因对 Z 公司管理层提供的甲银行的银行对账单真实性存有疑虑，注册会计师田园在出纳陪同下前往银行获取银行对账单。在银行柜台人员打印对账单时，注册会计师田园前往该银行其他部门实施了银行函证。

（2）注册会计师田园审查发现甲银行的银行对账单上有一借一贷相同金额，但是银行存款日记账没有对应的记录，出纳员解释是客户销售退回业务的正常反映，注册会计师田园认为情况合理。

（3）注册会计师田园未对年末余额小于 10 万元的银行账户实施函证，这些账户年末余额合计小于实际执行的重要性，注册会计师田园检查了银行对账单原件和银行存款余额调节表，结果满意。

（4）注册会计师田园发现乙银行询证函回函上的印章与以前年度的不同，Z 公司管理层解释乙银行于 2022 年变更了印章样式，并提供了乙银行的收款回单，通过比对印章样式，注册会计师田园认可了 Z 公司管理层的解释。

（5）乙银行在银行询证函回函中注明"本行不保证回函的准确性，接收人不能依赖回函中的信息"。注册会计师田园致电该银行，银行工作人员表示这是标准条款。注册会计师田园据此认为该回函可靠，并在审计工作底稿中记录了与银行的电话沟通内容。

（6）为测试银行账户交易入账的真实性，注册会计师田园在验证银行对账单的真实性后，从银行存款日记账中选取样本与银行对账单进行核对，并检查了支持性文件，结果满意。

要求：请逐项指出注册会计师田园上述银行存款审计工作中的做法是否恰当。如不恰当，请简要说明理由。

6.刘莉注册会计师确定甲公司 2023 年度财务报表整体的重要性为 200 万元。刘莉注册会计师实施了银行及应收款函证程序，相关审计工作底稿的部分内容摘录见表 12-1。

表12-1　　　**银行及应收款函证程序相关审计工作底稿部分内容摘录**　　金额单位：万元

询征函编号	是否回函（是/否）	账面余额	回函金额	差异	审计说明
银行询证函					（1）
Y1	是	3 500	3 500	0	（2）
…（略）					

审计说明：

（1）对甲公司2023年12月31日有往来余额的银行账户实施函证程序。

（2）甲公司为该银行重要客户，有业务专员上门办理各类业务。2024年1月18日，刘莉注册会计师在甲公司财务经理随同下将函证交予上门办理业务的银行业务专员。银行业务专员当场盖章回函，函证结果满意。

要求：针对上述审计说明第（1）和第（2）项，逐项指出刘莉注册会计师的做法是否恰当。如不恰当，简要说明理由。

六、编制工作底稿题

1. 福源公司2023年12月31日货币资金未审数为4 265 765.86元（其中，库存现金为2 265.86元，银行存款为4 263 500元），注册会计师李军于2024年1月20日完成了对其的审计。李军认为：库存现金2 265.86元可以确认；银行存款经调整后可以确认，调整数为借方30 000元、贷方50 000元。

要求：请你代注册会计师李军编制货币资金审定表（见表12-2）（索引号为ZA1，复核人为张梅，复核日期为2024年1月21日）。

表12-2　　　　　　　　　　**货币资金审定表**

被审计单位：＿＿＿＿＿＿＿＿＿＿　　　索引号：＿＿＿＿＿＿＿＿＿＿

项　　　目：＿＿＿＿＿＿＿＿＿＿　　　财务报表截止日/期间：＿＿＿＿＿＿＿＿

编　　　制：＿＿＿＿＿＿＿＿＿＿　　　复　　核：＿＿＿＿＿＿＿＿＿＿

日　　　期：＿＿＿＿＿＿＿＿＿＿　　　日　　期：＿＿＿＿＿＿＿＿＿＿

项目名称	本期未审数	账项调整		重分类调整		本期审定数	上期审定数（略）
		借方	贷方	借方	贷方		
库存现金							
银行存款							
其他货币资金							
合计							

审计说明：

（略）

审计结论：

2. 福源公司2023年12月31日与银行存款相关的资料见表12-3。

表12-3　　　　　　　　　　银行存款相关资料　　　　　　　　　单位：元

开户行	账号	银行存款日记账余额
工行解放路支行	213400×	2 487 975.68
建行和平路支行	340020×	4 549 246.87
中行江南路支行	610181×	3 652 974.05

注册会计师李军于2024年1月17日取得了银行对账单，并将其与银行存款日记账进行了核对，未发现调整事项，两者相符。

要求：请你代注册会计师李军编制银行存款明细表（见12-4）（索引号为ZA3，复核人为张梅，复核日期为2024年1月18日）。

表12-4　　　　　　　　　　银行存款明细表

被审计单位：＿＿＿＿＿＿＿＿　　　索引号：＿＿＿＿＿＿＿＿

项　　目：＿＿＿＿＿＿＿＿　　　财务报表截止日/期间：＿＿＿＿＿＿＿＿

编　　制：＿＿＿＿＿＿＿＿　　　复　核：＿＿＿＿＿＿＿＿

日　　期：＿＿＿＿＿＿＿＿　　　日　期：＿＿＿＿＿＿＿＿

开户行	账号	是否系质押、冻结等对变现有限制或存在境外的款项	银行存款日记账余额（原币）①	银行已收，企业未入账金额②	银行已付，企业未入账金额③	调整后银行存款日记账余额④=①+②-③	银行对账单余额（原币）⑤	企业已收，银行未入账金额⑥	企业已付，银行未入账金额⑦	调整后银行对账单余额⑧=⑤+⑥-⑦	调整后是否相符
合计											

编制说明：略

3. 福源公司2023年银行存款日记账的部分内容见表12-5。

表12-5　　　　　**福源公司2023年银行存款日记账的部分内容**　　　　　单位：元

2023年		凭证		摘要	结算凭证		对应科目	收入	支出	结余
月	日	字	号		种类	编号				
3	1	银收	0586#	收货款	略	略	应收账款	126 368.60		略
5	8	银付	1360#	付电费	略	略	其他应付款		64 358.50	略
7	16	银收	0986#	收工行利息	略	略	财务费用	15 863.45		略

　　注册会计师李军于2024年1月15日将表12-5中的内容进行相关核对后认为无不符事项。

　　要求：请你代李军编制货币资金收支检查情况表（见表12-6）（索引号为ZA7，复核人为张梅，复核日期为2024年1月16日）

表12-6　　　　　　　　　　　**货币资金收支检查情况表**

被审计单位：＿＿＿＿＿＿＿＿＿＿＿＿　　　索引号：＿＿＿＿＿＿＿＿＿＿＿
项　　目：＿＿＿＿＿＿＿＿＿＿＿＿　　　财务报表截止日/期间：＿＿＿＿＿＿＿
编　　制：＿＿＿＿＿＿＿＿＿＿＿＿　　　复　核：＿＿＿＿＿＿＿＿＿＿＿
日　　期：＿＿＿＿＿＿＿＿＿＿＿＿　　　日　期：＿＿＿＿＿＿＿＿＿＿＿

记账日期	凭证字号	业务内容	对应科目	金额	核对内容（用"√"或"×"表示）				备注
					①	②	③	④	

核对内容说明：①原始凭证是否齐全；②记账凭证与原始凭证是否相符；③账务处理是否正确；④是否记录于恰当的会计期间。

对不符事项的处理：

审计说明：

（略）

4.福源公司在工行解放路支行开有账户，账号为213400×，截至2023年12月31日，银行存款日记账余额为2 487 975.68元。2024年1月13日，晋审会计师事务所的注册会计师李军决定对其实施函证。

要求：请你代李军编制一份银行询证函（索引号为ZA6，编号为001）。

各章岗课赛证融通训练参考答案

第1章 走进审计职业

一、判断题

1.× 2.× 3.√ 4.√ 5.√ 6.√ 7.√ 8.× 9.√ 10.× 11.√ 12.× 13.× 14.√ 15.√

二、单项选择题

1.C 2.D 3.A 4.B 5.D 6.A 7.C 8.C 9.D 10.B 11.B 12.C 13.B 14.C 15.B

三、多项选择题

1.ABCD 2.ABC 3.ABD 4.ABCD 5.AC 6.ABD 7.ACD 8.BC 9.ABC 10.ABC

四、简答题（略）

五、实务题

1.

表1-1（答案）　　　　　　审计工作底稿内容摘录

情况	具体说明	相关的财务报表项目	对应的认定
1	没有计提办公大楼的折旧	固定资产、管理费用	计价和分摊 完整性
2	没有计提生产设备的折旧	固定资产、存货、营业成本	计价和分摊 准确性
3	没有计提办公设备的减值准备	固定资产、资产减值损失	计价和分摊 完整性
4	存货项目没有包括在产品	存货	完整性
5	产成品没有计提跌价准备	存货、资产减值损失	计价和分摊 完整性
6	原材料跌价准备计提不足	存货、资产减值损失	计价和分摊 准确性

2.

表1-2（答案）　　　X公司应收账款的相关认定、审计目标和进一步审计程序

认定	具体审计目标	进一步审计程序
存在	资产负债表上列示的应收账款在资产负债表日是存在的	1.向X公司债务人发函询证 2.检查销售合同、销售发票副本和运单
权利和义务	记录的所有应收账款是否均为X公司所拥有	1.检查销售合同、销售发票副本和运单 2.以应收账款明细账为起点，检查合同，确定是否已贴现、出售或质押
完整性	所有应收账款是否均已记录	1.选取运单，追查至发票和银行存款日记账、应收账款明细账 2.选取发票，追查至运单和银行存款日记账、应收账款明细账
计价和分摊	应收账款是否可收回，坏账准备计提是否适当	1.检查期后已收回应收账款的情况 2.分析应收账款账龄，确定坏账准备计提是否适当

3.

表1-3（答案）　　　　　　A公司存在的问题及违反的认定

A公司存在的问题	违反的认定
记录一笔不曾发生的销售收入	发生
将他人寄售商品列入A公司的存货中	权利和义务
销售明细账和总账中未记录已发生的一笔销售收入	完整性
某一笔销售交易发出商品的数量与账单上的数量不符	准确性
将次年1月初发货的一笔销售收入计入本期	截止
将1年内到期的负债列为长期负债	分类和可理解性
将出售经营性固定资产所得的收入记录为营业收入	分类

4.

表1-4（答案）　　　　　　实施的审计程序与可实现的审计目标

实施的审计程序	可实现的审计目标
获取主营业务收入明细表，复核加计是否正确，并与总账数和明细账合计数核对是否相符	与主营业务收入有关的金额及其他数据已恰当记录
对销售进行截止测试	主营业务收入已记录于恰当的会计期间
检查主营业务收入的列报是否恰当	主营业务收入已按照企业会计准则的规定在财务报表中作出恰当的列报

第2章　熟知执业准则

一、判断题

1.×　2.√　3.×　4.×　5.×　6.×　7.√　8.√　9.√　10.×　11.×　12.×　13.×　14.√　15.√

二、单项选择题

1.B　2.C　3.A　4.B　5.D　6.C　7.B　8.A　9.A　10.B　11.C　12.B　13.B　14.A　15.D　16.B

三、多项选择题

1.ABCD　2.ABC　3.BC　4.AC　5.ABCD　6.ABCD　7.ABCD　8.ABC　9.ABCD　10.ABCD　11.ABC　12.ABCD

四、简答题（略）

五、实务题

1.（1）产生不利影响。父亲是主要近亲属。主要近亲属与审计客户之间存在性质特殊的商业关系，可能因自身利益对 B 的独立性产生不利影响。

（2）不产生不利影响。

（3）产生不利影响。公司董事会秘书属于关键管理职务，子女属于主要近亲属。D 的主要近亲属在财务报表涵盖期间担任甲公司关键管理职务，将对其独立性产生非常严重的不利影响。

（4）产生不利影响。甲公司并非银行或金融机构，其为会计师事务所提供金额重大的担保，将对独立性产生非常严重的不利影响。

2.（1）违反职业道德守则。虽然说会计师事务所可以自主商定审计的收费，但是不能因为收费而相应缩小审计范围，影响审计工作的质量。

（2）违反职业道德守则。会计师事务所要同时为两个存在竞争关系的审计客户提供审计，需要告知客户，并征得他们的同意才能执行业务。

（3）违反职业道德守则。协助制定公司的财务战略，属于承担公司的管理层职责，是职业道德所不允许的。

3.属于会计师事务所层面的防范措施的是（1）、（2）、（4）、（6）。属于具体业务层面的防范措施的是（3）、（5）、（7）、（8）。

4.（1）

表 2-1（答案）　　　　　　　　　　鉴证业务类型判断

序号	业务类型	回答"是"或"否"
1	基于责任方认定的业务	是
	直接报告业务	否
2	历史财务信息鉴证业务	否
	其他鉴证业务	是

（2）甲公司管理层对鉴证对象信息负责，即对 IT 系统运行有效性的评价报告负责。乙公司管理层对鉴证对象负责，即对 IT 系统运行有效性负责。A 注册会计师对鉴证报告负责。

第3章　承接审计业务

一、判断题

1.× 2.√ 3.× 4.√ 5.× 6.√ 7.× 8.× 9.√ 10.× 11.√ 12.× 13.√ 14.√ 15.× 16.√

二、单项选择题

1.A 2.B 3.C 4.C 5.A 6.D 7.D 8.B 9.D 10.A 11.D 12.D

三、多项选择题

1.ABD 2.ABD 3.ABCD 4.ABCD 5.CD 6.ABCD 7.ABCD 8.ABCD 9.ABCD 10.AB 11.ABCD

四、简答题（略）

五、实务题

1.（1）审计项目组负责人及项目组内成员均缺乏计算机信息系统方面的专业技能，存在缺陷。会计师事务所在接受甲公司财务报表审计委托时，就应该考虑项目组成员是否具备必要素质和专业胜任能力，而不应该在接受委托后才考虑。因此违背了开展初步业务活动时项目组应具备执行审计业务的专业胜任能力以及必要的时间和资源这一规定。

（2）聘请参与甲公司计算机信息系统设计的人员参与审计工作，存在缺陷。为鉴证客户提供属于鉴证业务对象的数据或其他记录会产生自我评价对独立性的威胁。王先生是参与甲公司计算机信息系统设计工作的人员，如果参与审计工作对甲公司计算机信息系统进行评价，属于自己评价自己的设计成果。这对注册会计师执行业务所需要的独立性产生了严重威胁。

2.承接审计业务前，注册会计师刘楠没能评价自身的独立性和专业胜任能力就接受了委托，是不合适的，这种做法容易导致审计失败。

从独立性的角度看，根据《中国注册会计师职业道德守则》的规定，当注册会计师与委托单位负责人和主管人员、董事或委托事项当事人为近亲关系时，应当回避；从胜任能力的角度看，注册会计师刘楠的业务专长是对制造业进行财务报表审计，因此，对其是否具有对高科技这一特殊行业的审计能力存在疑问。

ABC会计师事务所如果要接受该公司的审计委托，从独立性和专业胜任能力方面考虑，不能派注册会计师刘楠承担该项审计业务，应当派熟悉计算机行业，并具有丰富的软件开发审计经验的其他注册会计师承接该项业务，同时应当提请注册会计师在审计中注意新飞高科技公司属于民营公司和以前年度没有接受过注册会计师审计这两个方面所带来的审计风险。

3.审计人员A的理解不妥当。违约责任、解决争议的办法以及审计收费的计算基础和收费安排需要签约双方共同商定。其他项是法规内容，不容协商。

审计人员B的理解不妥当。收费的计算基础和收费安排，属于"特定需要"，不是"基本内容"。

审计人员C的理解不妥当。管理层对审计范围施加限制，不属于通常认为的变更业务的合理理由。

4.不正确。理由如下：

（1）按照适用的财务报告编制基础编制财务报表，并使其实现公允反映是丙公司的会计责任。审计人员对财务报表审计提供的是合理保证，通过审计，以使财务报表不存在由舞弊或错误导致的重大错报。财务报表审计不能减轻被审计单位管理层和治理层的责任。

（2）设计、执行和维护必要的内部控制，以使财务报表不存在由舞弊或错误导致的重大错报，是丙公司的会计责任。审计人员是在执行控制测试的基础上，确定实质性审计程序的性质、时间、范围。

（3）丙公司应向审计人员提供必要的工作条件，包括允许注册会计师接触与编制财务报表相关的所有信息，向注册会计师提供审计所需的其他信息，允许注册会计师在获取审计证据时不受限制地接触其认为必要的内部人员，否则审计人员审计范围受到限制，无法开展审计工作，收集充分、适当审计证据，以对财务报表发表审计意见。

第4章　　制订审计计划

一、判断题

1.√　2.×　3.×　4.√　5.√　6.×　7.√　8.√　9.√　10.√　11.×　12.×　13.√　14.×　15.×　16.×

二、单项选择题

1.D　2.A　3.A　4.B　5.C　6.C　7.D　8.A　9.C　10.B　11.A　12.D　13.D　14.A　15.D　16.C

三、多项选择题

1.ABCD　2.ABC　3.ACD　4.ACD　5.ABC　6.BCD　7.ACD　8.ABC　9.ABD　10.BC　11.AB

四、简答题（略）

五、实务题

1.（1）不恰当。由于不同财务报表使用者对财务信息的需求可能差异很大，在确定重要性水平时，不应考虑错报对个别财务报表使用者可能产生的影响。

（2）不恰当。侧重于抢占市场份额、扩大企业知名度和影响力的企业，应将营业收入作为确定财务报表整体重要性的基准。

（3）恰当。

（4）不恰当。单个金额低于实际执行的重要性的财务报表项目汇总起来可能金额重大（可能远远超过财务报表整体的重要性），注册会计师需要考虑汇总后的潜在错报风险，或者对存在舞弊、低估的项目需要实施进一步审计程序。

2.（1）四种情况下的检查风险分别是：

情况一：4%÷80%=5%

情况二：4%÷50%=8%

情况三：5%÷80%=6.25%

情况四：5%÷50%=10%

（2）情况一需要获取最多的审计证据。因为审计风险、检查风险与所需的证据数量成反向关系，而重大错报风险与所需的证据数量成正向关系，因此情况一中审计风险、检查风险最低，重大错报风险最高，所需的审计证据最多。

3.按照注册会计师确定的判断基础和相应的比例计算重要性水平。

按资产总额计算：180 000×0.5%=900（万元）

按净资产总额计算：88 000×1%=880（万元）

按营业收入计算：240 000×0.5%=1 200（万元）

按净利润计算：24 120×5%=1 206（万元）

注册会计师张梅出于职业谨慎的考虑，应选取其中最小的数据880万元作为财务报表整体的重要性水平。

4.（1）存在不当之处。注册会计师不能仅仅根据昌盛公司及其环境没有发生重大变化而直接信赖管理层、治理层的诚信，注册会计师还应该考虑被审计单位相关的战略、目标等的影响以及本年度的具体情况来考虑管理层、治理层的诚信问题。

（2）不存在不当之处。

（3）存在不当之处。重大错报风险是客观存在的，并不能够降低，可以通过控制测试，降低评估的重大错报风险；通过修改计划实施的实质性程序的性质、时间和范围降低检查风险（而不是降低重大错报风险）。

（4）存在不当之处。对内部控制的了解是必须的，并不是可选择；判断收入确认方面存在舞弊风险，可以不执行控制测试，但是必须了解内部控制程序，可以在执行了解内部控制程序后，根据评估的结果，直接进行细节测试。

5.

表4-2（答案）　　　　可能选择的确定财务报表整体重要性的基准

审计客户具体情况	可能选择的确定财务报表整体重要性的基准
（1）甲企业的盈利水平保持稳定	经常性业务的税前利润
（2）乙企业近年来经营状况大幅度波动，盈利和亏损交替发生，或者由正常盈利变为亏损或微利，或者本年度税前利润因情况变化而出现意外增加或减少	过去3~5年经常性业务的平均税前利润或亏损（取绝对值），或其他基准，如营业收入
（3）丙企业为新设企业，处于开办期，尚未开始经营，目前正在建造厂房及购买机器设备	总资产
（4）丁企业处于新兴行业，目前侧重于抢占市场份额、扩大企业知名度和影响力	营业收入
（5）戊企业为公益性质的基金会	捐赠收入或捐赠支出总额

6.（1）不恰当。除了总体审计策略和具体审计计划，注册会计师还应当制订计划，确定对项目组成员的指导、监督以及对工作进行复核的性质、时间安排和范围。

（2）不恰当。注册会计师应当形成审计工作底稿的还有在审计过程中对总体审计策略和具体审计计划作出的任何重大修改及其理由。

（3）恰当。

（4）不恰当。重要性在总体审计策略中确定。

（5）不恰当。计划实施的进一步审计程序的性质、时间和范围是在具体审计计划中考虑的事项。

7.（1）存在不当之处。重要性是评价错报是否重大的依据，注册会计师应当首先在制定总体审计策略时确定重要性，才能据以评估重大错报风险。

（2）存在不当之处。由于不同财务报表使用者对财务信息的需求可能差异很大，在确定重要性水平时，不应考虑错报对个别财务报表使用者的决策的影响。

（3）存在不当之处。一般情况下，实际执行的重要性通常为财务报表整体重要性的50%~75%。

（4）存在不当之处。重要性水平是根据财务报表使用者对财务信息的需求评估确定的，不能人为调整。

（5）存在不当之处。重要性水平是根据财务报表使用者对财务信息的需求评估确定的，不能人为地加以改变。

第5章　识别和评估重大错报风险

一、判断题

1.×　2.×　3.√　4.×　5.√　6.√　7.√　8.×　9.√　10.√　11.×　12.×　13.×　14.√　15.√　16.√　17.√

二、单项选择题

1.C　2.A　3.B　4.C　5.A　6.A　7.D　8.C　9.B　10.A　11.D　12.B　13.C　14.D　15.A

三、多项选择题

1.ABD　2.ABCD　3.ABCD　4.ABCD　5.ABCD　6.ABCD　7.AC　8.ABC　9.ACD　10.ABCD　11.ABC　12.ACD

四、简答题（略）

五、实务题

1.甲公司存在明显的控制缺陷：

（1）乙分公司未履行完成立项阶段的审批手续，即进行设计和开工建设，甲公司总部并未制止和纠正。

（2）乙分公司对应当公开招标的项目却采用了邀请招标，不符合公司管理规定。

（3）甲公司总部对该项目未进行有效的监督和处罚，未及时发现问题，也未对违规行为进行处罚和责任追究，不利于甲公司管理制度的贯彻执行。

2.（1）妥当。注册会计师只需了解与审计相关的内部控制。在生产中防止材料浪费的控制通常与财务报表审计无关。

（2）放弃穿行测试不妥当。即使不拟信赖内部控制，注册会计师仍需执行穿行测试以确认以前对业务流程及可能发生错报环节了解的准确性和完整性。

（3）不妥当。注册会计师应先询问高级别人员，以确定应运行哪些控制以及哪些控制是重要的；再询问低级别人员，以确定他们是否与高级别人员的理解相符。

（4）不妥当。只有当询问、观察和检查程序均无法证实内部控制的执行效果时，注册会计师才考虑实施重新执行程序。

3.（1）表明存在重大错报风险。甲公司预计原材料价格会在年底回升，因此进行了大量的采购，但是，原材料市场价格不仅没有回升，而且在2023年10月后还在持续下跌，甲公司可能存在存货跌价准备计提不足，少计资产减值损失的风险。属于认定层次的风险。

（2）表明存在重大错报风险。甲公司决定淘汰一批旧设备，且签订不可撤销的转让协议，应该计提相应的固定资产减值准备，可能存在少计资产减值损失的风险。属于认定层次的风险。

（3）表明存在重大错报风险。甲公司大额贷款到期，且没有取得另外的维持日常经营活动所需的资金来源，可能造成企业整体经营风险增加，重大错报风险增加。属于财务报表层次的风险。

4.（1）表明存在重大错报风险。由于2022年销售业绩未达到董事会制定的目标，丁公司于2023年2月更换了公司负责销售的副总经理，所以公司很可能存在高估收入的风险。属于认定层次的风险。

（2）表明存在重大错报风险。丁公司于2024年元旦开始全面下调了主要产品的建议零售价，说明公司存货在2023年底存在减值迹象，有可能少提存货跌价准备。属于认定层次的风险。

（3）表明存在重大错报风险。丁公司新建成的仓库被有关部门认定为违章建筑，要求限期拆除，应该计提固定资产减值准备，存在少计资产减值损失的风险。属于认定层次的风险。

（4）表明存在重大错报风险。启用新财务信息系统，比计划提前停用原系统，可能会存在新系统运行不稳定的风险。属于财务报表层次的风险。

5.（1）内部控制不存在缺陷。

（2）内部控制不存在缺陷。

（3）内部控制存在缺陷。银行出纳员自己编制银行存款余额调节表，使其工作失去了核对与监督，会导致货币资金完整性认定的重大错报风险。

（4）内部控制存在缺陷。费用报销不经各部门主管审核而是由财务主管直接审核，容易使不该报销的费用得以报销，导致管理费用的发生认定存在重大错报风险。

第6章　实施进一步审计程序

一、判断题

1.× 2.× 3.√ 4.× 5.√ 6.√ 7.√ 8.√ 9.× 10.× 11.√ 12.√ 13.√ 14.× 15.×

二、单项选择题

1.D 2.D 3.B 4.C 5.A 6.A 7.A 8.B 9.A 10.C 11.D 12.D 13.C 14.C 15.A

三、多项选择题

1.ABCD 2.CD 3.CD 4.AD 5.ABC 6.AB 7.ABC 8.AC 9.ABCD 10.ABCD

四、简答题（略）

五、实务题

1.（1）存在不当之处。按规定，注册会计师应当从六个方面了解被审计单位及其环境，而张乐只了解内部控制，不符合规定。

（2）妥当。注册会计师不必了解与审计无关的内部控制。

（3）妥当。

（4）存在不当之处。为提高审计效率，在了解之后，如果认为内部控制设计合理并得以执行，才可能考虑实施控制测试。

（5）妥当。管理层凌驾于内部控制表明丙公司的控制环境薄弱，应评价丙公司财务报表层次存在重大错报风险。

（6）存在不当之处。分析性程序得到的证据大多属于间接性的，在提出调整建议之前，注册会计师需要实施更为详细的进一步程序，才能获得充分适当的审计证据。

2.（4）不恰当。注册会计师可以在签订审计业务约定书时明确提出这一要求。对于不可预见性的审计程序，在审计业务约定书中不明确如何具体实施的内容。

（5）不恰当。注册会计师只有采取不同的抽样方法使当年抽取的测试样本与以前有所不同，才可以增加审计程序的不可预见性。

审计人员小刘的其余看法都是恰当的。

3.（1）不恰当。因相关控制是应对特别风险的，应当在当年测试相关控制的运行有效性，不能利用以前审计中获取的审计证据。

（2）不恰当。控制测试的样本应当涵盖整个期间。

（3）不恰当。因为控制发生重大变化，应当分别测试2023年上半年和下半年与原材料采购批准相关的内部控制，分别测试30个。

（4）不恰当。通过实质性测试未能发现错报，并不能证明与所测试认定相关的内部控制是有效的，注册会计师不能以实质性测试的结果推断内部控制的有效性。

（5）不恰当。只检查财务经理的签字不够，应当检查财务经理是否按规定完整实施了该控制。

（6）恰当。

4.（1）结合财务报表中的数据逐项分析每一种情况是否存在重大错报风险，编制重大错报风险分析表如下：

重大错报风险分析表

事项序号	是否可能表明存在重大错报风险（是/否）	理由	财务报表项目名称及认定
（1）	是	昌盛公司2023年年初增设5个销售服务处，预计2023年度的办公室租金应当有明显增长。但昌盛公司2023年度的办公室租金仅比2022年度增长11%，明显偏低，可能存在少计销售费用的错报	销售费用（完整性）其他应付款（完整性）
（2）	是	昌盛公司向医院提供1个月的试用期，A类产品销售收入的实现会出现1个月的滞后，发出商品余额应当有明显上升，但昌盛公司2023年年末存货中的"发出商品"余额与2022年年末基本持平，可能存在提前确认收入的重大错报	营业收入（发生）应收账款（存在）存货（完整性）营业成本（发生）
（3）	否		
（4）	是	根据对当年发生额和期初、期末余额的分析，2023年年末的应付返利余额中包含2022年度计提但未支付的返利120万元（420-300），可能表明有多计销售返利的风险	其他应付款（存在）营业收入（完整性）
（5）	是	作为管理层之一的销售总监被举报有舞弊行为，属于重大错报风险	销售费用（发生）
（6）	否		

（2）审计计划中的不当之处如下：

事项（1）：有不当之处。确定财务报表整体的重要性，体现了注册会计师对财务报表使用者对财务报表信息需求的认识，不考虑审计风险，也不受以往审计错报的影响。

事项（2）：有不当之处。注册会计师不能仅依据以往的审计经验确定进一步审计程序的总体方案，而是应根据本年度对认定层次重大错报风险的评估结果，并考虑控制是否发生变化，是否出现其他因素使信赖控制不再适当等因素来确定是否继续选用综合性方案。例如，考虑到有离职员工举报销售总监虚报销售费用，如果昌盛公司的调查证实销售总监长期多次虚报费用，则注册会计师可能对涉及销售费用的控制不予信赖，而是通过实施更多的实质性程序来获取审计证据。

（3）注册会计师实施实质性程序识别重大错报风险的相关性见下表：

实施实质性程序识别重大错报风险的相关性

实质性程序序号	是否与资料一（结合资料二）识别的重大错报风险直接相关（是/否）	与根据资料一（结合资料二）识别的哪一项重大错报风险直接相关（资料二序号）	理由
（1）	是	（1）	通过估算本年度预计发生的办公室租金费用，并与入账的办公室租金费用进行比较，可以识别可能存在的少计办公室租金的问题
（2）	否		
（3）	是	（4）	通过检查2022年度计提的销售返利的实际支付情况，并向管理层询问予以佐证，评估本年度计提的销售返利的合理性，可以识别可能存在的多计销售返利的问题
（4）	是	（2）	通过从A类产品销售收入明细账中选取若干笔记录，检查销售合同、发票和设备验收单，确定记录的销售金额是否与合同和发票一致，收入确认的时点是否与合同约定的交易条款和设备验收单的日期相符，可以识别可能存在的提前确认收入的问题
（5）	否		
（6）	否		

第7章 获取审计证据

一、判断题

1.√ 2.√ 3.√ 4.× 5.√ 6.× 7.× 8.√ 9.× 10.× 11.√ 12.× 13.× 14.× 15.√ 16.× 17.√ 18.√ 19.× 20.× 21.√ 22.√ 23.√ 24.√ 25.×

二、单项选择题

1.D 2.D 3.A 4.A 5.A 6.A 7.C 8.C 9.B 10.B 11.C 12.C 13.A 14.C 15.A 16.D 17.A 18.A 19.C 20.A 21.C 22.D 23.A 24.A 25.D

三、多项选择题

1.ABC 2.ABCD 3.BC 4.BDE 5.AC 6.ABCD 7.ABC 8.ABCD 9.ABC 10.BCD 11.ABD 12.AC 13.ABCD 14.ABCD 15.ABCD 16.ABCD 17.ABCD 18.AB 19.AB 20.ABC 21.AB 22.AC 23.ABCD

24.ABC　25.ACD

四、简答题（略）

五、实务题

1.

情况序号	主要的实质性程序	能够实现的审计目标	审计证据的种类
（1）	对期末存货进行监盘	除所有权归属性、报表反映适当性、计价准确性以外的所有审计目标	实物证据、口头证据
（2）	对期末存货进行截止测试	存在性、会计记录完整性	书面证据
（3）	向斯通公司进行函证	存在性、会计记录完整性、所有权归属性	书面证据
（4）	询问管理当局，审阅相关合同与信函，并向斯通公司进行函证	所有权归属性、报表反映适当性	口头证据、书面证据
（5）	进行计价测试，并与有关财务会计法规要求比较	计价准确性、报表反映适当性	书面证据
（6）	对上一年度存货记录进行适当审阅	报表反映适当性	书面证据

2.审计人员刘云经过分析认为：

（1）W公司2023年营业收入8 500万元，比2022年增加1 100万元，增幅为14.86%，在经营形式、管理和经营机构均未发生重大变化的情况下，营业收入可能存在虚增重大错报风险。

（2）W公司甲产品2023年毛利率为41.67%〔（6 000-3 500）÷6 000〕，相比2022年的毛利率20%〔（5 000-4 000）÷5 000〕，上升了21.67%，而2023年度与2022年度产销形式相当，销售毛利率不应产生巨大的变化。乙产品2023年销售毛利率为26%，比2022年的25%略有上升，较合理。综合考虑，可能存在营业收入虚增、营业成本低估的重大错报风险。

（3）W公司第4季度甲、乙产品营业收入均大幅度上升。可能受季节性销售影响，也可能存在虚构交易行为，可能存在营业收入提前确认重大错报风险。

3.审计人员抽查有关耗用材料汇总表和材料成本差异计算表，验算其材料实际成本如下：

材料成本差异率＝〔5 400+（1 178 400-1 200 000）〕÷（150 000+1 200 000）×100%=-1.2%

发出材料实际成本=240 000+240 000×（-1.2%）=237 120（元）

多转材料成本=244 800-237 120=7 680（元）

重新计算结果表明，金河公司10月份多转材料成本7 680元。

4.每一组中更可靠的证据是：（1）银行询证回函；（2）注册会计师通过自行计算折旧额所取得的证据；（3）销售发票副本；（4）律师询证函回函；（5）内部控制良好时形成的领料单；（6）存货监盘记录。

5.有理由。项目组内部复核主要检查：已执行的审计工作是否支持形成的结论，并已得到适当记录；获取的审计证据是否充分及适当；审计程序的目标是否实现等。本案例中，现金盘点数与账面记录相差34.5元、回函不相符及无形资产审定表与后附的证据不相符事项，注册会计师应追加审计程序查证清楚，并将审计轨迹和专业判断记录在审计工作底稿中，但检查人员从底稿中没有发现这些记录。同时，"审计工作底稿杂乱，底稿中没有交叉索引""审计工作底稿形成中重视数据、资料的归集，缺少审计人员审计轨迹和专业判断的记录"，复核人员无法明了审计人员对某一项目或事项实施了哪些审计程序、获取的审计证据是否充分及适当、审计结论是什么。所以，检查人员有理由认为该项目负责人的项目组内部复核没有真正实施。

6.（1）A注册会计师在归整审计档案时存在问题。审计工作底稿的归档期限应为审计报告日后60天内，该业务审计报告日为2月15日，完成归档日期为5月15日，审计工作底稿的归档期限超过了60天。

（2）在归整审计档案后，A注册会计师私下修改审计工作底稿存在问题。一般情况下，审计报告归档之后不需要对审计工作底稿进行修改或增加，如果发现有必要修改现有审计工作底稿或增加新的工作底稿，无论性质如何，均应当说明修改的具体理由，并由相关人员进行复核；修改现有工作底稿应该是在对原记录信息不予删除（包括涂改、覆盖等方式）的前提下，采用新信息的方式予以修改。

（3）诚信会计师事务所在保存审计工作底稿方面存在问题。工作底稿应该自审计报告日起至少保存10年，在完成最终审计档案的归档工作后，注册会计师不得在规定的保存期限届满前删除或废弃审计工作底稿。

诚信会计师事务所应当对审计工作底稿实施的控制程序包括：安全保管业务工作底稿并对业务工作底稿保密；保证业务工作底稿的完整性；设计和实施控制，便于使用和检索业务工作底稿；按照规定的期限归档和保存业务工作底稿。

7.（1）注册会计师选择的最初5个样本的号码分别是：0417、3404、2038、2305、0222。

（2）注册会计师选择的最初5个样本的号码分别是：0005、0015、0025、0035、0045。

8.（1）不存在不当之处。

（2）存在不当之处。与计价和分摊目标相关的审计程序是针对单笔应收账款实施的，应将明细表中列示的每一笔应收账款定义为抽样单元。

（3）存在不当之处。误受风险影响审计的效果，误拒风险影响审计的效率，前者的后果更为严重。因此，可接受的误受风险水平应低于误拒风险水平。

（4）存在不当之处。仅实施函证程序无法证实应收账款的计价和分摊认定，注册会计师应同时实施分析应收账款账龄、检查坏账准备计提等必要审计程序。

（5）存在不当之处。使用统计抽样时，如果预计只发现少量差异，不应使用差额估计抽样法和比率估计抽样法。

（6）不存在不当之处。

9.第一种，王华在100个测试样本中发现了2个偏差，推断样本偏差率为2%，小于可容忍的偏差率7%，王华评价销售环节内部控制总体上是有效的。但实际上总体偏差率为8%，销售环节内部控制总体上应是无效的。重大错报风险应是高水平，应增加实质性程序的测试量，获取更多审计证据以便将检查风险降至低水平。王华面临信赖过度风险，影响审计效果。

第二种，王华在100个测试样本中发现了8个偏差，推断样本偏差率为8%，大于可容忍的偏差率7%，王华评价销售环节内部控制总体上是无效的。但实际上总体偏差率为2%，销售环节内部控制总体上应是有效的。重大错报风险应是低水平，应减少实质性程序的测试量，获取较少审计证据便可将检查风险降至低水平。王华面临信赖不足风险，影响审计效率。

10.（1）不正确。确定的信用审核控制测试总体未包括2023年12月份开具的销售单，该总体不完整。应将2023年1月1日至12月31日开具的所有销售单作为测试的总体。

（2）关于偏差的定义正确。"审批控制"包括审批和控制这两个要素，具体可分为未经审批的付款和未按制度审批办理的付款。

（3）不正确。对于发现的凭证丢失情况，应视为控制未能有效运行，作为控制测试中发现的偏差处理。

（4）总体偏差率的估计正确。在属性抽样中，样本偏差率就是总体偏差率的最佳点估计。样本偏差率为5%（3÷60×100%），故总体偏差率的最佳点估计为5%。

（5）推断总体的方法和结论均不正确。不应将推断的总体偏差率直接与可容忍偏差率比较，而应将估计的总体偏差率上限13%（7.8÷60×100%）与可容忍偏差率7%比较，并得出运行无效的推断结论。

第8章　出具审计报告

一、判断题

1.√　2.√　3.√　4.×　5.√　6.×　7.×　8.×　9.×　10.√　11.×　12.√　13.√　14.×　15.√

二、单项选择题

1.D　2.B　3.D　4.C　5.B　6.D　7.C　8.A　9.C　10.A　11.B　12.C　13.A　14.A　15.B

三、多项选择题

1.ABC　2.ABC　3.ABCD　4.BC　5.BC　6.BD　7.ACD　8.BD　9.BC　10.ACD　11.ACD　12.BC

四、简答题（略）

五、实务题

1.（1）注册会计师应发表无保留意见的审计报告。理由：甲股份有限公司2023年度的财务报表中事实错报、推断错报总计15万元，小于财务报表层次重要性水平60万元，未更正错报不构成重大错报，且审计范围未受任何限制，所收集的审计证据充分、适当，为发表审计意见提供了合理基础。

（2）无保留意见的审计报告：

背景信息：（略）

审计报告

甲股份有限公司全体股东：

一、对财务报表出具的审计报告

（一）审计意见

我们审计了甲股份有限公司（以下简称"甲公司"）的财务报表，包括2023年12月31日的资产负债表，2023年度的利润表、现金流量表、股东权益变动表以及相关的财务报表附注。

我们认为，后附的财务报表在所有重大方面按照企业会计准则的规定编制，公允反映了甲公司2023年12月31日的财务状况以及2023年度的经营成果和现金流量。

（二）形成审计意见的基础

我们按照中国注册会计师审计准则的规定执行了审计工作。审计报告的"注册会计师对财务报表审计的责任"部分进一步阐述了我们在这些准则下的责任。按照中国注册会计师职业道德守则，我们独立于甲公司，并履行职业道德方面的其他责任。我们相信，我们获取的审计证据是充分、适当的，为发表审计意见提供了基础。

（三）关键审计事项（略）

（四）管理层和治理层对财务报表的责任（略）

（五）注册会计师对财务报表审计的责任（略）

二、按照相关法律法规的要求报告的事项（略）

ABC会计师事务所　　　　　　　　　　中国注册会计师：刘莹

（盖章）　　　　　　　　　　　　　　（签名并盖章）

中国××市　　　　　　　　　　　　　中国注册会计师：赵华

　　　　　　　　　　　　　　　　　　（签名并盖章）

　　　　　　　　　　　　　　　　　　2024年1月30日

2.（1）应出具保留意见审计报告。2022年度审计报告中导致保留意见的事项对本期数据和对应数据的可比性仍有影响。

各章岗课赛证融通训练参考答案 ・129・

(2) 应出具保留意见或者无法表示意见审计报告。无法获取充分适当的审计证据，审计范围受到限制。

(3) 应出具带强调事项段的无保留意见审计报告。证券监管机构的稽查结果存在不确定性。

(4) 应出具否定意见审计报告。运用持续经营假设不当。

(5) 应出具否定意见审计报告。重要子公司未合并，导致财务报表存在重大而广泛的错报。

3.

表8-1（答案）　　　　　　判断非无保留意见审计报告的依据

意见类型	判断意见类型的依据
保留意见	1.在获取充分、适当的审计证据后，注册会计师认为错报单独或汇总起来对财务报表影响重大，但不具有广泛性 2.注册会计师无法获取充分、适当的审计证据以作为形成审计意见的基础，但认为未发现的错报（如存在）对财务报表可能产生的影响重大，但不具有广泛性
否定意见	在获取充分、适当的审计证据后，注册会计师认为错报单独或汇总起来对财务报表的影响重大且具有广泛性
无法表示意见	无法获取充分、适当的审计证据以作为形成审计意见的基础，但认为未发现的错报（如存在）对财务报表可能产生的影响重大且具有广泛性

4.（1）注册会计师应出具带持续经营强调事项段的无保留意见审计报告。因为符合出具无保留意见审计报告的条件，虽然存在与持续经营相关的重大不确定性，但该事项不影响已发表的审计意见。

（2）带持续经营强调事项段的无保留意见审计报告：

背景信息（略）

审计报告

乙股份有限公司全体股东：

一、对财务报表出具的审计报告

（一）审计意见

我们审计了乙股份有限公司（以下简称"乙公司"）的财务报表，包括2023年12月31日的资产负债表，2023年度的利润表、现金流量表、股东权益变动表以及相关的财务报表附注。

我们认为，后附的财务报表在所有重大方面按照企业会计准则的规定编制，公允反映了乙公司2023年12月31日的财务状况以及2023年度的经营成果和现金流量。

（二）形成审计意见的基础

我们按照中国注册会计师审计准则的规定执行了审计工作。审计报告的"注册会计师对财务报表审计的责任"部分进一步阐述了我们在这些准则下的责任。按照中国注册会计师职业道德守则，我们独立于乙公司，并履行职业道德方面的其他责任。我们相信，我们获取的审计证据是充分、适当的，为发表审计意见提供了基础。

（三）强调事项——与持续经营相关的重大不确定性

我们提醒财务报表使用者关注，公司自剥离××业务以来，克服资金、资源等方面的客观困难，积极探索、开拓相关贸易业务，但盈利能力较弱，尚处于形成稳定盈利模式的转型期，公司现有经营业务的持续性存在较大的不确定性。这种情况表明公司持续经营能力存在重大不确定性。公司已在财务报表附注"四、2"中充分披露了可能导致对持续经营能力产生重大疑虑的主要情况或事项，以及公司管理层针对这些事项和情况的应对计划。该事项不影响已发表的审计意见。

（四）管理层和治理层对财务报表的责任（略）

（五）注册会计师对财务报表审计的责任（略）

二、按照相关法律法规的要求报告的事项（略）

ABC会计师事务所   中国注册会计师：刘荣

（盖章）   （签名并盖章）

                                                       中国注册会计师：赵华

中国××市   （签名并盖章）

                                                              ×年×月×日

5. （1）注册会计师应出具保留意见的审计报告。因为注册会计师认为丙公司财务报表整体是公允的，丙公司财务报表中所存在的情形，注册会计师无法获取充分、适当的审计证据以作为形成审计意见的基础，未发现的错报（如存在）对财务报表可能产生的影响虽然重大，但是不具有广泛性。

（2）保留意见审计报告的"形成审计意见的基础"段内容如下：

如财务报表附注"六、6、（1）应收项目"所述，丙公司对关联方的应收账款期末余额为644 594 378.36元，计提了52 073 596.25元的坏账准备。对于丙公司关联方应收账款，我们实施了函证、资料查验、期后收款检查等审计程序。我们未能就可回收金额获取充分、适当的审计证据，我们无法判断上述关联方应收账款的坏账准备是否已充分计提。

我们按照中国注册会计师审计准则的规定执行了审计工作。审计报告的"注册会计师对财务报表审计的责任"部分进一步阐述了我们在这些准则下的责任。按照中国注册会计师职业道德守则，我们独立于丙公司，并履行了职业道德方面的其他责任。我们相信，我们获取的审计证据是充分、适当的，为发表审计意见提供了基础。

6. （1）注册会计师应出具无法表示意见的审计报告。因为注册会计师无法获取充分、适当的审计证据以作为形成审计意见的基础，未发现的错报（如存在）对财务报表可能产生的影响重大且具有广泛性；存在多个不确定事项，可能对财务报表产生累积影响，导致注册会计师不可能对财务报表形成审计意见。因此，注册会计师无法对丁公司的财务报表发表确切的审计意见。

（2）无法表示意见的审计报告：

背景信息（略）

审计报告

丁股份有限公司全体股东：

一、对财务报表出具的审计报告

（一）无法表示意见

我们接受委托，审计丁股份有限公司（以下简称"丁公司"）的财务报表，包括2023年12月31日的资产负债表，2023年度的利润表、现金流量表和股东权益变动表以及相关财务报表附注。

我们不对后附的丁公司财务报表发表审计意见。由于"形成无法表示意见的基础"部分所述事项的重要性，我们无法获取充分、适当的审计证据以作为对财务报表发表审计意见的基础。

（二）形成无法表示意见的基础

1.合并范围内部分公司内部控制失效，审计范围受限

报告期内，公司所属子公司A公司、B公司、C公司等单位内部控制失效，资金活动、采购和销售业务、资产管理，以及会计核算和财务报告相关内部控制存在重大缺陷，影响财务报表的编制。以上公司事项对财务报表的影响具有重大性和广泛性，我们无法判断因内部控制失效对公司财务报表的影响，以及对外担保等或有事项披露的完整性。

2.存货盘亏归属期间不确定

截至报告期末，如财务报表附注"六（四十八）"所述，公司发生存货盘亏726 558 426.22元。由于公司重要子公司A公司、B公司、C公司提供的相关资料不全，我们无法实施必要的审计程序，以获取

充分、适当的审计证据来确定该存货盘亏发生的具体归属期间，亦无法判断该事项对公司本报告期及前期财务报表的影响。

3.中国证监会立案调查结果未定

2022年4月27日，因涉嫌存在信息披露违法违规，公司收到中国证券监督管理委员会《调查通知书》。截至财务报告出具日，立案调查尚未结束，我们无法判断调查结果对公司报告期及前期财务报表可能产生的影响

（三）管理层和治理层对财务报表的责任

［按照《中国注册会计师审计准则第1501号——对财务报表形成审计意见和出具审计报告》的规定报告］

（四）注册会计师对财务报表审计的责任

我们的责任是按照中国注册会计师审计准则的规定，对丁公司的财务报表执行审计工作，以出具审计报告。但由于"形成无法表示意见的基础"部分所述的事项，我们无法获取充分、适当的审计证据以作为发表审计意见的基础。

按照中国注册会计师职业道德守则，我们独立于丁公司，并履行了职业道德方面的其他责任。

二、按照相关法律法规的要求报告的事项

［按照《中国注册会计师审计准则第1501号——对财务报表形成审计意见和出具审计报告》的规定报告］

ABC会计师事务所　　　　　　　　　　　　中国注册会计师：刘荣

（盖章）　　　　　　　　　　　　　　　　（签名并盖章）

中国××市　　　　　　　　　　　　　　　中国注册会计师：赵华

　　　　　　　　　　　　　　　　　　　　（签名并盖章）

　　　　　　　　　　　　　　　　　　　　×年×月×日

第9章　销售与收款循环审计

一、判断题

1.×　2.√　3.√　4.×　5.×　6.√　7.√　8.×　9.√　10.√　11.×　12.√　13.√　14.√　15.√

二、单项选择题

1.A　2.D　3.B　4.D　5.B　6.A　7.D　8.D　9.B　10.B　11.A　12.C　13.D　14.D　15.B　16.B　17.B　18.B

三、多项选择题

1.ABCD　2.ABCD　3.ABCD　4.ABCD　5.ABCD　6.AB　7.ABD　8.ABCD　9.ABCD　10.ACD　11.ABC　12.AB　13.BCD　14.ABCD　15.ACD

四、简答题（略）

五、实务题

1.（1）赊销不应由销售经理审核，而应由信用部门批准。销售部门的职责是根据批准的订单编制一式多联连续编号的销售通知单，分别用于批准赊销、审批发货与装运货物、记录发货数量及向顾客开具发票。

（2）销售通知单不应由仓库部门编制，也不能代替装运凭证。由运输部门根据已批准的销售通知单编制一式多联连续编号的装运凭证，装运货物。仓库部门核对经批准赊销的销售通知单与装运凭证后发货。

（3）货物的发货与装运的职责不应由同一部门承担。货物的发货与装运，由仓库和运输部门分别办理。

（4）会计部门开具一式多联预先连续编号的销售发票时，没有核对装运凭证（提货单）、销售通知单和已批准商品价目表。会计部门必须在核对装运凭证（提货单）、销售通知单和商品价目表无误的情况下，才能开具销售发票。

（5）负责销售账的业务和收款业务为不相容职务，不应由一人办理。应将收款业务和负责销售账的业务分开。

（6）没有对销售收款循环进行独立稽核。应设置独立稽核人员，专门审核销售发票的单价、加总、入账日期。

2.（1）应采取的措施如下：

针对情况（1）：注册会计师应向昌盛公司核对甲公司名称、地址。如果核对不符，按照正确地址重新寄发信件。如果核对相符，应要求昌盛公司解释"查无此单位"的原因。

针对情况（2）：要求乙公司尽快寄出复函原件，并且直接寄至诚信会计师事务所。

针对情况（3）：因无法证实昌盛公司没有拆封，应要求丙公司按询证函中写明的地址另发回函，直接寄至诚信会计师事务所。

针对情况（4）：因离外勤工作结束日尚有1个月的时间，注册会计师可考虑与丁公司联系，要求其回应或再次寄发询证函。如果未得到回应，应实施替代审计程序。

（2）对戊公司采取的是积极式函证，未回函原因可能是戊公司根本不存在，或者戊公司没有收到询证函，也可能戊公司没有理会询证函。

对庚公司采取的是消极式函证，未回函原因：可能是庚公司不存在，或者庚公司没有收到询证函，或者庚公司收到询证函后因核对无误而不回函，或者庚公司虽然发现双方记载不一致但不回函。

（3）存在下列情况之一时，应当改用积极式函证方式向庚公司函证：重大错报风险较高；应收余额较大或应收余额较小的客户不多；预期存在重大错报；有理由相信被询证者不认真对待函证。

3.审计人员分析后认为：A公司是值得信赖的客户，F公司欠款额较小，且欠款期短，决定对A公司和F公司采取消极式函证方式。B公司欠款额最大，C公司可能存在有争议的项目，D公司可能存在异常交易，E公司欠款期长，决定对B公司、C公司、D公司和E公司采取积极式函证方式。

4.（1）注册会计师可查阅甲客户的应收账款明细账，核实询证函中所述的3 600元款项是否因双方记账时间差所致，是否已于次年初收款入账；或根据银行存款日记账的收款记录追查至应收账款明细账，查明结账日前收到货款时，是否存在过账错误，误将其他顾客的欠款注销；或到银行查询有无款到还未通知公司的情况。

（2）查阅乙客户的应收账款明细账，查明询证函中所述的2 000元结欠尾款是否确实于次年初收回。

（3）查明丙客户预收货款明细账上是否有70 000元的预收款记录。如查明确实可抵付货款，应对应收账款作调整记录。

（4）审核发运凭证以及运输公司的运输发票，以查明丁客户货物是否确已运出。如确已运出，应将有关凭证影印送客户要求其查证；如确未运出，应调整原分录和记录，并进一步调查了解，查明原因。

5.审计人员张梅运用实质性分析程序（动态百分比法）进行分析，分析情况如下：

表9-3（答案）　　　　实质性分析程序（动态百分比法）分析情况表　　　　金额单位：万元

利润表项目	2023年度（未审数）	2022年度（审定数）	增长	
			金额	百分比（%）
营业收入	104 300	58 900	45 400	77
减：营业成本	91 845	53 599	38 246	71
税金及附加	560	350	210	60
销售费用	2 800	1 610	1 190	74
管理费用	2 380	3 260	−880	−27

审计人员张梅作出如下分析：

（1）"营业收入"项目存在重大错报风险。2023年度营业收入比2022年度增长了77%，远远超过9%的行业增长率。这表明昌盛公司可能存在高估营业收入的重大错报风险。

（2）"营业成本"项目存在重大错报风险。2023年度营业成本比2022年度增长了71%，明显低于营业收入的增长率。导致2023年度毛利率（12%）明显高于2022年（9%）。一般而言，在市场供求关系稳定的情况下，毛利率应当保持不变。这表明昌盛公司可能存在高估营业收入或低估营业成本的重大错报风险。

（3）"税金及附加"项目存在重大错报风险。昌盛公司2023年度税金及附加占营业收入的比例为5.4‰，比上年的5.9‰有所下降。一般来说，在税率不变的情况下，税金及附加占营业收入的比例应保持不变。这表明昌盛公司可能存在高估营业收入或低估税金及附加的重大错报风险。

（4）"销售费用"项目存在重大错报风险。伴随高估营业收入的重大错报风险，销售费用2023年度比2022年度增长了74%。这表明昌盛公司可能存在高估销售费用的重大错报风险。

（5）"管理费用"项目存在重大错报风险。昌盛公司管理费用由2022年度的3 260万元下降到2023年的2 380万元，下降了27%，与昌盛公司经营状况、人员规模均未发生重大变化的情况严重不符。这表明昌盛公司可能存在低估管理费用的重大错报风险。

6.存在不当之处。转字10号记账凭证日期是2024年1月2日，相应的发票日期和出库单日期均为2024年1月8日，可能存在提前确认营业收入的错报，注册会计师应实施进一步审计程序。

7.（1）影响销售交易的认定依次为：截止、分类、发生、发生、准确性。

（2）进一步审计程序所对应的高估方式：

进一步审计程序	1	2	3	4	5
对应的高估方式	A、C、E	E	A、E	D	—

8.略。

9.（1）X公司内部控制中存在的不当之处及改进建议为：销售完成后，款项由财务部门负责催收不当，应当由销售部门负责催收，财务部门督促销售部门催收；财务人员根据客户订购单、销售单和发运凭证确认销售收入不当，应当根据客户订购单、销售单、发运凭证和客户方产品验收单确认收入。

（2）X公司主营业务收入的截止认定存在重大错报风险，根据题目描述，X公司在取得产品验收单后，销售完成，才满足收入确认条件，而财务人员确认销售收入不需要产品验收单，因此可能出现截止错误，导致主营业务收入高估。

（3）选择资产负债表日前发生的数笔销售收入，追查至产品验收单，检查产品验收的日期是否在资产负债表日前。

10.戊公司2023年度毛利率为32%，2022年度毛利率为33%，与成本大幅上涨不符，可能存在少计营业成本，多计营业收入的风险。

涉及财务报表项目名称及认定有：营业成本（完整性）、存货（存在）、应收账款（存在）、营业收入（发生/准确性）。

六、编制工作底稿题

1.

表 9-9（答案）　　　　　　　　　　　　营业收入审定表

被审计单位：福源公司　　　　　　　　　　　索　引　号：SA1

项　　　目：营业收入审定表　　　　　　　　财务报表截止日/期间：2023 年 12 月 31 日

编　　　制：王林　　　　　　　　　　　　复　　核：张梅

日　　　期：2024 年 1 月 17 日　　　　　　日　　期：2024 年 1 月 18 日

项目类别	本期未审数	账项调整		本期审定数	上期审定数
		借方	贷方		
一、主营业务收入					略
A 产品	38 640 515			38 640 515	
B 产品	16 764 711			16 764 711	
C 产品	9 775 872			9 775 872	
⋮					
小计	69 526 622			69 526 622	
二、其他业务收入	略				略
小计	略				略
营业收入合计	略				略

审计说明：

（略）

审计结论：

报表数经审计后无调整事项，可以确认。

2.

表 9-11（答案）　　　　　主营业务收入明细分析表

被审计单位：福源公司　　　　　　　　　　索引号：SA2

项　　　目：主营业务收入明细分析表　　　财务报表截止日/期间：2023 年 12 月 31 日

编　　　制：王林　　　　　　　　　　　　复核：张梅

日　　　期：2024 年 1 月 19 日　　　　　　日　期：2024 年 1 月 20 日

类别	2023 年度		2022 年度		收入变动额	收入变动比例（%）	结构变动比例（%）
	金额	比重（%）	金额	比重（%）			
A 产品	38 640 515	55.6	30 774 185	52.1	7 866 330	25.6	3.5
B 产品	16 764 711	24.1	14 669 719	24.8	2 094 992	14.3	-0.7
C 产品	9 775 872	14.1	9 974 187	16.9	-198 315	-2.0	-2.8
⋮							
合计	69 526 622	100	59 109 003	100	10 417 619	17.6	

审计说明：

（略）

3.

表 9-12（答案）　　　　　应收账款审定表

被审计单位：福源公司　　　　　　　　　　索引号：ZD1

项　　　目：应收账款审定表　　　　　　　财务报表截止日/期间：2023 年 12 月 31 日

编　　　制：王林　　　　　　　　　　　　复核：张梅

日　　　期：2024 年 1 月 18 日　　　　　　日　期：2024 年 1 月 19 日

项目名称	本期未审数	账项调整		重分类调整		本期审定数	上期审定数
		借方	贷方	借方	贷方		
一、账面余额合计	1 256 800	43 200	20 000			1 280 000	略
1 年以内	1 256 800	43 200	20 000			1 280 000	
1~2 年							
2~3 年							
3 年以上							
二、坏账准备合计	62 000					62 000	略
1 年以内	62 000					62 000	
1~2 年							
2~3 年							
3 年以上							
三、账面价值合计	1 194 800	43 200	20 000			1 218 000	略
1 年以内	1 194 800	43 200	20 000			1 218 000	
1~2 年							
2~3 年							
3 年以上							

审计说明：

（略）

审计结论：

经调整后，报表余额可以确认。

4.

应收账款询证函

索引号：ZD3

编号：001

R公司：

　　本公司聘请的诚信会计师事务所正在对本公司2023年度财务报表进行审计，按照中国注册会计师审计准则的要求，应当询证本公司与贵公司的往来账项等事项。下列信息出自本公司账簿记录，如与贵公司记录相符，请在本函下端"信息证明无误"处签章证明；如有不符，请在"信息不符"处列明不符项目，如存在与本公司有关的未列入本函的其他项目，也请在"信息不符"处列出这些项目的金额及详细资料。回函请直接寄至诚信会计师事务所。

回函地址：（略）

邮编：（略）　　电话：（略）　　传真：（略）　　　　联系人：张梅

1.本公司与贵公司的往来账项列示如下：

单位：元

截 止 日 期	贵公司欠	欠贵公司	备　注
2023 年 12 月 31 日	145 137		货款

2.其他事项。

无

　　本函仅为复核账目之用，并非催款结算。若款项在上述日期之后已经付清，仍请及时复函为盼。

（福源公司盖章）

2024 年 1 月 15 日

结论：1.信息证明无误。

（客户盖章）

年　月　日

经办人：

　　2.信息不符，请列明不符的详细情况。

（客户盖章）

年　月　日

经办人：

第 10 章　　　采购与付款循环审计

一、判断题

1.√　2.√　3.√　4.×　5.√　6.√　7.√　8.×　9.√　10.×　11.√　12.×　13.√　14.×　15.×

二、单项选择题

1.D　2.A　3.B　4.D　5.A　6.B　7.B　8.A　9.D　10.D　11.D　12.D　13.D　14.A　15.A　16.A　17.A　18.B

三、多项选择题

1.ABD　2.BCD　3.ABCD　4.CD　5.BD　6.ABCD　7.ABC　8.ABCD　9.AD　10.ABCD　11.ACD　12.ABD　13.BCD　14.AC　15.AB

四、简答题（略）

五、实务题

1. 存在缺陷之处：

（1）订购单没有编号和验收单未连续编号，不能保证所有的购货业务都已记录或不被重复记录。建议昌盛公司应对其订购单和验收单连续编号。

（2）验收人员隶属于采购部门，会影响其独立行使职责，不能保证验收货物的数量和质量。建议昌盛公司应将验收部门从采购部门独立出来。

（3）付款凭单未附订购单及供应商发票，会计部门无法核对采购事项是否真实，登记有关账簿时金额和数量可能就会出现差错。建议昌盛公司应将订购单和购货发票等与付款凭单一起交会计部门。

（4）会计部门月末审核付款凭单后才付款，未能及时将材料采购和债务登账并按约定时间付款。建议昌盛公司采购部及时将付款凭单交会计部，按约定时间付款。

2. 昌盛公司新建成的仓库被有关部门认定为违章建筑，要求限期拆除，应该计提固定资产减值准备，存在少计资产减值损失的风险。属于认定层次的风险。与固定资产的计价和分摊认定、资产减值损失的完整性认定相关。

3.（1）应考虑的审计目的有：确定相关的内部控制是否健全有效；应付账款的记录是否完整；应付账款有无低估的可能；所列的负债是否实际发生；在资产负债表上的表达是否允当。

（2）一般情况下，应付账款不需要函证，这是因为函证对象只能从已入账的客户中选择，所以函证程序不能保证查出未入账的应付账款，况且审计人员能够取得采购发票等可靠程度较高的外部凭证来证实应付账款的余额。但如果控制风险较高，某应付账款明细账户余额较大或被审计单位处于财务困难阶段，则应进行应付账款的函证。

进行函证时，审计人员应选择较大金额的债权人，以及那些在资产负债表日金额不大、甚至为零，但为企业重要供货人的债权人，作为函证对象。此外，还应考虑向上年度债权人及不送对账单的债权人进行函证。

（3）函证应付账款，在于揭示未入账的负债，函证具有较大金额的账户不一定能实现此目标。应选择与委托人交易频繁的供货商或委托人的关联方作为函证对象。

4. 调整分录：

借：固定资产——机器设备　　　　　　　　　　　900 000
　贷：累计折旧　　　　　　　　　　　　　　　500 000
　　　以前年度损益调整　　　　　　　　　　　400 000

并补提少计缴的所得税和盈余公积，结转未分配利润。

5.（1）第（1）笔业务属于固定资产增加计价错误。购入固定资产的原值包括买价、运杂费和安装调试费。该错误使公司的资产和利润同时虚减12 000元。由于计价错误，还影响了折旧的计提，漏提的折旧数=12 000×10%÷12×10=1 000（元）。调整分录为：

借：固定资产　　　　　　　　　　　　　　　12 000
　贷：累计折旧　　　　　　　　　　　　　　　1 000
　　　以前年度损益调整　　　　　　　　　　　11 000

（2）第（2）笔业务属于固定资产减少会计处理错误。减少固定资产，均应通过"固定资产清理"账户核算。正确的会计分录为：

借：固定资产清理　　　　　　　　　　　　　44 360
　　累计折旧　　　　　　　　　　　　　　　12 840
　贷：固定资产　　　　　　　　　　　　　　57 200
借：银行存款　　　　　　　　　　　　　　　35 560
　贷：固定资产清理　　　　　　　　　　　　35 560

借：资产处置损益   8 800

     贷：固定资产清理   8 800

该公司的会计分录使实收资本和资产处置损益同时虚增了 35 560 元，资产处置损益虚增将使本年利润减少 35 560 元。调整分录为：

借：实收资本   35 560

     贷：以前年度损益调整   35 560

对以上两笔虚减的利润 11 000 和 35 560 元，应补提少计缴的所得税和盈余公积，结转未分配利润。

6.（1）选择金额较大的债权人函证和选择金额小或者为零但属重要的供货人 A 和 B 两公司函证。永锋公司向 A 公司进货量大，却没有负债，有可能 A 公司和永锋公司发生不正当合作，永锋公司有虚增资产舞弊行为嫌疑，A 公司可能虚增收入、增加利润。B 公司欠永锋公司账款金额最高，也需要函证 B 公司。应付账款一般是少列，低估负债。

（2）选择 B 和 D 两公司函证。因为应收账款审计主要是防止高估，因此选择金额大的客户函证。

7.（1）建议：

① 未使用的固定资产应当计提折旧，注册会计师应建议被审计单位对 A 设备补提折旧。

② 该公司对空调计提的折旧不正确。季节性停用的固定资产应照提折旧，所以被审计单位的处理方法是错误的，建议其补提折旧。

③ 该公司购入的设备，应在其达到预定可使用状态时转入固定资产，从次月开始计提折旧。被审计单位应从 6 月份起计提折旧，注册会计师应建议其补提折旧。

④ 该公司计算的 B 设备的折旧率不正确，应该是 9.5%。其在计算折旧率时未考虑净残值的影响，注册会计师应建议公司调整折旧率和已计提折旧额。

（2）各项主要针对的认定如下：

① 检查 2023 年购入的固定资产的发票金额并追查至账簿记录，涉及与期末账户余额相关的"完整性"认定。

② 实地视察固定资产，并查明其产权的归属，涉及与期末账户余额相关的"存在"、"完整性"和"权利和义务"三项认定。

③ 查明有无以固定资产担保或抵押等情况，涉及与期末账户余额相关的"权利和义务"和与列报相关的"完整性"认定。

④ 索取或编制融资租赁设备汇总表，追查至相关的融资租赁协议，涉及与期末账户余额相关的"存在"、"计价和分摊"和"权利和义务"认定。

8.（1）恰当。

（2）不恰当。还应检查资产负债表日后货币资金的付款项目；获取丁公司与供应商之间的对账单并与财务记录进行核对调节；检查采购业务形成的相关原始凭证。

（3）不恰当。资产负债表日后价格的变化并不表明前期会计估计存在差错。

（4）不恰当。注册会计师应当对重大账户余额实施实质性程序。

9.针对资料一第（1）项，结合资料二：戊公司 2023 年应入账办公楼租金管理费用为：$50 \times 9 + [80 \times (12-3) \div 12] \times 3 = 630$（万元），但是财务数据显示，戊公司 2023 年已确认管理费用——租赁费 450 万元，存在矛盾证据，因此，存在少计管理费用和负债的错报风险。

事项序号	是否可能表明存在重大错报风险	理由	财务报表项目的名称及认定
（1）	是	应在免租期内确认租金费用和负债，存在少计管理费用和负债的风险	管理费用（完整性）其他应付款（完整性）

10.（1）不恰当。在确定控制测试的样本规模时，无需考虑总体变异性。

（2）不恰当。应付账款的审批与支付属于不相容职务，乙公司应当加强应付账款和应付票据的管理，由专人按照约定的付款日期、折扣条件等管理应付款项。已到期的应付款项需经有关授权人员审批后方可办理结算与支付。

（3）恰当。

（4）恰当。

（5）不恰当。在对一般费用进行审计时，应当针对本期发生的费用实施审计程序，对上期发生的费用实施审计程序意义不大。

六、编制工作底稿

1.

表10-5（答案）　　　　　　　　　　　应付账款审定表

被审计单位：福源公司　　　　　　　　索引号：FD1
项　　　目：应付账款审定表　　　　　财务报表截止日/期间：2023年12月31日
编　　　制：王林　　　　　　　　　　复核：张梅
日　　　期：2024年1月26日　　　　　日　期：2024年1月27日

项目类别	本期未审数	账项调整		重分类调整		本期审定数	上期审定数
		借方	贷方	借方	贷方		
一、应付账款关联方							
甲公司	3 357 551.97					3 357 551.97	
乙公司	6 298 149.09					6 298 149.09	
⋮							
小计	12 258 903.40					12 258 903.40	
二、应付账款非关联方							
丁公司	12 603 202.88	2 000 000.00				10 603 202.88	
戊公司	8 699 160.92					8 699 160.92	
⋮							
小计	23 638 042.04	2 000 000.00				21 638 042.04	
合计	35 896 945.44	2 000 000.00				33 896 945.44	

审计说明：

欠丁公司的款项中有200万元因对方将材料发错，经测试，2023年12月29日已经退回材料，但未冲销应付账款。该单位已同意调整。

审计结论：

报表数经审计调整后，可以确认。调整分录：
借：应付账款——丁公司　　　　　　　　　　　　　　　　2 000 000
　贷：原材料　　　　　　　　　　　　　　　　　　　　　　2 000 000

2.

表 10-7（答案）　　　　　　　　　　固定资产审定表

被审计单位：福源公司　　　　　　　　　　　　索引号：　ZO1

项　　　目：固定资产审定表　　　　　　　财务报表截止日/期间：2023 年 12 月 31 日

编　　　制：王林　　　　　　　　　　　　复　核：张梅

日　　　期：2024 年 1 月 22 日　　　　　　日　期：2024 年 1 月 23 日

项目名称	本期未审数	账项调整		重分类调整		本期审定数	上期审定数
		借方	贷方	借方	贷方		
一、固定资产原值合计	391 014 056.98	300 000.00				391 314 056.98	
其中：房屋及建筑物	18 647 944.52					18 647 944.52	
机器设备	360 576 456.36	300 000.00				360 876 456.36	
运输设备	8 755 964.04					8 755 964.04	
⋮							
二、累计折旧合计	22 356 609.62					22 356 609.62	
其中：房屋及建筑物	7 805 155.01					7 805 155.01	
机器设备	12 427 286.22					12 427 286.22	
运输设备	984 281.86					984 281.86	
⋮							
三、减值准备合计							
四、账面价值合计	368 657 447.36	300 000.00				368 957 447.36	
其中：房屋及建筑物	10 842 789.51					10 842 789.51	
机器设备	348 149 170.14	300 000.00				348 449 170.14	
运输设备	7 771 682.18					7 771 682.18	
⋮							

审计说明：

经测试，发现有一台机器设备在 2023 年 12 月 15 日由在建工程交付使用，但没有记入固定资产明细账和总账，价值 30 万元。该单位已同意调整。

审计结论：

报表数经审计调整后，可以确认。调整分录：

借：固定资产　　　　　　　　　　　　　　　　　　　　　　　　　　　300 000

　贷：在建工程　　　　　　　　　　　　　　　　　　　　　　　　　　　300 000

3.

表10-9（答案）　　　　　　　　　　固定资产盘点检查表

被审计单位：福源公司	索引号：　ZO3
项　　　目：固定资产盘点检查表	财务报表截止日/期间：2023年12月31日
编　　　制：王林	复　核：张梅
日　　　期：2023年12月29日	日　期：2023年12月31日

序号	名称	规格型号	计量单位	单价	账面结存		被审计单位盘点			实际检查			备注
					数量	金额	数量	金额	盈亏(+、-)	数量	金额	盈亏(+、-)	
1	斗提机		台	3 526 551.32	3	10 579 653.96	3	10 579 653.96		3	10 579 653.96		
2	输送机		台	454 045.73	1	454 045.73	1	454 045.73		1	454 045.73		
3	车床		台	203 589.00	5	1 017 945.00	5	1 017 945.00		5	1 017 945.00		
4	机床		台	70 066.00	8	560 528.00	8	560 528.00		8	560 528.00		
⋮													

审计说明：

　　注册会计师主要对2023年度新增部分的重要固定资产进行实地检查程序。经对部分重要固定资产进行实地检查程序，不存在账实不符情况，可以确认。

第11章　　生产与存货循环审计

一、判断题

1.√　2.×　3.√　4.×　5.√　6.×　7.√　8.×　9.×　10.√　11.√　12.√　13.√　14.√　15.√

二、单项选择题

1.B　2.A　3.A　4.D　5.C　6.C　7.D　8.C　9.B　10.A　11.C　12.D　13.D　14.A　15.B　16.B　17.C

三、多项选择题

1.ABCD　2.ABCD　3.ACD　4.ABCD　5.ABCD　6.ABD　7.ABC　8.ABCD　9.BD　10.ABC　11.ABCD　12.AC　13.AC　14.BCD

四、简答题（略）

五、实务题

1.

表 11-1（答案）　　　　　　　　　　相关资料表

财务报表认定	具体审计目标	审计程序
（4）	公司对存货均拥有所有权	D
（1）	记录的存货数量包括了公司所有的在库存货	C
（5）	按成本与可变现净值孰低法调整期末存货的价值	A
（5）	存货成本计算准确	F
（3）	存货的主要类别和计价基础已在财务报表恰当披露	B

2.（1）不妥当。为了有效地实施存货监盘，注册会计师应与被审计单位就有关问题达成一致意见，但注册会计师应尽可能地避免被审计单位了解自己将抽取测试的存货项目。

（2）不妥当。对所有权不属于被审计单位的存货，注册会计师应当取得其规格、数量等有关资料，确定是否已分别存放、标明，且未纳入盘点的范围。对于被审计单位持有的受托代存货，应执行有关补充程序。此外，注册会计师还应向受托代存货的所有权人确证受托代存的存货属于所有权人。

（3）不妥当。如果存货已作质押，助理人员应当向债权人函证与被质押的存货有关的内容，取得书面证明，必要时到银行实施监盘程序。

3.（1）审计方法：审阅基本生产成本明细账，抽查有关会计凭证，核对账证数额，盘点在产品实物数量，验证在产品投料率和完工率。根据成本计算单，验证在产品成本如下：

直接材料=［（144 000+662 400）÷（480+240×80%）］×240×80%=230 400（元）

直接人工=［（36 000+90 000）÷（480+240×50%）］×240×50%=25 200（元）

其他直接支出=［（5 040+12 600）÷（480+240×50%）］×240×50%=3 528（元）

制造费用=［（54 000+234 000）÷（480+240×50%）］×240×50%=57 600（元）

在产品成本合计=230 400+25 200+3 528+57 600=316 728（元）

在产品多留材料费=350 400−230 400=120 000（元）

在产品多留工资费=42 000−25 200=16 800（元）

在产品多留其他直接支出=5 880−3 528=2 352（元）

在产品多留制造费用=81 600−57 600=24 000（元）

多留在产品成本合计=120 000+16 800+2 352+24 000=163 152（元）

（2）存在问题：验算结果表明，该企业成本计算失误，多留在产品成本，少转完工产品成本163 152元。

（3）处理意见：建议将少转的完工产品成本予以补转，调账会计分录如下：

借：库存商品　　　　　　　　　　　　　　　　　　　　　　　　　　163 152

　　贷：生产成本——基本生产成本　　　　　　　　　　　　　　　　　　　163 152

4.甲公司该项内部控制影响的财务报表项目有存货和资产减值损失。影响的认定有计价和分摊、发生、完整性。

甲公司该项内部控制存在缺陷，未将结存成本高于可变现净值部分确认为存货跌价准备。建议企业将结存成本高于可变现净值的部分确认为存货跌价准备。

5.第（1）项不存在不当之处。

第（2）项存在不当之处。对拟检查的存货作出标识会为甲公司盘点人员知悉，损害审计程序的不可预测性。

第（3）项存在不当之处。应当确定收到的存货是否属于2023年12月31日的存货。如果属于，应当纳入存货监盘范围。

第（4）项存在不当之处。应当取得并检查所有已填用、作废及未使用盘点表单的号码记录。

6.（1）不恰当。存货A可能会在不同仓库流动，应安排在同一天实施监盘。应要求对存放在仓库1和仓库3的存货安排在同一天盘点。

（2）不恰当。仅从存货实物中选样追查至存货盘点记录只能获取存货记录完整性的证据。还应从盘点记录中选取项目追查至实物，以获取有关存货存在的证据。

（3）恰当。

（4）不恰当。开箱检查时，还应当抽查每个纸箱中是否有12支饮料。

（5）恰当。

（6）恰当。

7.（1）存在缺陷。存货领用的审批和执行是不相容职务，要相互分离。

（2）存在缺陷。存货的保管和记账职责未分离，将可能导致存货保管人员监守自盗，通过篡改存货明细账掩饰舞弊行为。

（3）存在缺陷。剩余的辅助材料应该及时退回仓库，或办理"假退库"手续。

（4）不存在缺陷。

（5）存在缺陷。保管员应该根据审核后的验收单编制一式三联的入库单，据此登记存货台账。

（6）不存在缺陷。

8.（1）不恰当。孙明应当现场观察管理层制定的盘点程序的执行情况。

（2）恰当。

（3）不恰当。孙明应当检查暂估存货的单价。

（4）不恰当。已全额计提跌价准备的存货价值虽然为零，但数量仍存在，仍需要对存货是否存在实施监盘。

（5）不恰当。抽盘的总体不完整。

9.（1）不恰当。如果由于不可预见的情况无法在存货盘点现场实施监盘，注册会计师应当另择日期实施监盘，并对间隔期内发生的交易实施审计程序。

（2）不恰当。针对同种存货，应该在同一日期进行盘点。

（3）恰当。

（4）不恰当。审计中的困难、时间或成本等事项本身，不能作为注册会计师省略不可替代的审计程序或满足于说服力不足的审计证据的正当理由。

（5）不恰当。注册会计师在实施抽盘程序时发现差异，很可能表明甲公司的存货盘点在准确性或完整性方面存在错误，应当查明原因，并考虑错误的潜在范围和重大程度。

10.（1）存在不当之处。如果盘点日不是资产负债表日，注册会计师应当实施适当的审计程序，确定盘点日与资产负债表日之间的存货的变动是否已得到恰当的记录。

（2）不存在不当之处。

（3）存在不当之处。在收到电子形式的回函（包括传真件）时，注册会计师可以与被询证者联系以核实回函的来源及内容，必要时，可以要求被询证者提供回函原件。

六、编制工作底稿题

1.

表 11-4（答案）　　　　　　　　　　**存货审定表**

被审计单位：福源公司　　　　　　　　　索 引 号：　ZI1
项　　　目：存货审定表　　　　　　　　财务报表截止日/期间：2023 年 12 月 31 日
编　　　制：张越　　　　　　　　　　　复　　核：李丽
日　　　期：2024 年 2 月 15 日　　　　　日　　期：2024 年 2 月 17 日

项目类别	本期未审数	账项调整		本期审定数	上期审定数（略）
		借方	贷方		
一、存货账面余额					
原材料	26 327 598			26 327 598	
在途材料	3 876 112			3 876 112	
库存商品	16 435 376			16 435 376	
自制半成品	3 665 988			3 665 988	
合　计	50 305 074			50 305 074	
二、存货跌价准备					
原材料					
在途材料					
库存商品	60 000			60 000	
自制半成品					
合　计	60 000			60 000	
三、存货账面价值					
原材料	26 327 598			26 327 598	
在途材料	3 876 112			3 876 112	
库存商品	16 375 376			16 375 376	
自制半成品	3 665 988			3 665 988	
合　计	50 245 074			50 245 074	

审计说明：

（略）

审计结论：

报表数经审计后无调整事项，可以确认。

2.

表11-6（答案）　　　　　　　　　**生产成本构成分析表**

被审计单位：福源公司　　　　　　　　　　　　索引号：ZI7
项　　目：生产成本构成分析表　　　　　　财务报表截止日/期间：2023年12月31日
编　　制：张越　　　　　　　　　　　　　　复核：李丽
日　　期：2024年2月16日　　　　　　　　日　　期：2024年2月18日

项目			直接材料	直接人工	制造费用	合计
A产品	2023年度	1—12月发生额	4 657 398.36	986 176	1 456 675.38	7 100 249.74
		各项目所占比例	65.6%	13.9%	20.5%	100%
	2022年度	1—12月发生额	4 384 568.26	798 632	1 387 973.12	6 571 173.38
		各项目所占比例	66.7%	12.2%	21.1%	100%
	对比结果		−1.1%	1.7%	−0.6%	
B产品	2023年度	1—12月发生额	3 786 134.25	876 563	1 176 487.75	5 839 185
		各项目所占比例	64.8%	15.0%	20.2%	100%
	2022年度	1—12月发生额	3 435 865.77	748 396	1 098 285.66	5 282 547.43
		各项目所占比例	65.0%	14.2%	20.8%	100%
	对比结果		−0.2%	0.8%	−0.6%	

审计说明：

（略）

3.

表11-8（答案）　　　　　　　　　**制造费用构成分析表**

被审计单位：福源公司　　　　　　　　　　　　索引号：ZI8-1
项　　目：制造费用构成分析表　　　　　　财务报表截止日/期间：2023年12月31日
编　　制：张越　　　　　　　　　　　　　　复核：李丽
日　　期：2024年2月18日　　　　　　　　日　　期：2024年2月21日

制造费用项目	2023年度		2022年度		比重变动幅度	年度间变动额
	金额	比重	金额	比重		
工资	29 000	2.3%	30 000	2.3%	0	−1 000
折旧费	500 000	40.0%	500 000	38.5%	1.5%	0
修理费	697 000	55.8%	745 000	57.3%	−1.5%	−48 000
劳动保护费	24 000	1.9%	25 000	1.9%	0	−1 000
合计	1 250 000	100%	1 300 000	100%		−50 000

审计说明：

（略）

| 第12章 | 货币资金审计 |

一、判断题

1.√　2.×　3.×　4.√　5.√　6.×　7.√　8.×　9.×　10.×　11.√　12.×　13.√　14.√　15.×

二、单项选择题

1.B　2.D　3.C　4.B　5.D　6.A　7.D　8.A　9.D　10.C　11.A　12.B　13.C　14.D　15.B　16.C

三、多项选择题

1.ABCD　2.ABC　3.AD　4.AD　5.ACD　6.ABCD　7.ABCD　8.ABCD　9.ABC　10.AD　11.BC　12.ABC　13.ABC　14.BCD　15.ABC

四、简答题（略）

五、实务题

1.甲公司管理上的漏洞：（1）出纳兼与银行对账，提供了在编制银行存款余额调节表时擅自报销32笔支付现金业务的机会。

（2）印鉴管理失控。财务印章与公司印章合并使用并由行政人员掌管，出纳在加盖印鉴时未能得到有力的监控。

（3）未建立支票购入、使用、注销的登记制度。

（4）对账单由出纳从银行取得，提供了伪造对账单的可能。

（5）凭证保管不善，会计已开好的7笔收汇转账单（记账联）被柴惠隐匿，造成此收入无法记入银行存款日记账中。

（6）发现问题追查不及时。在清理逾期未收汇时发现了3笔结汇收入未在银行存款日记账和银行存款余额调节表中反映，但由于人手较少未能对此进行专项清查。

甲公司应采取的补救措施：

（1）复核银行存款余额调节表的编制是否正确，有无遗漏或收支抵销等情况；

（2）督促有关人员及时、全面、正确地进行账务处理，使收支业务尽早入账，不得压单；

（3）记账与出纳业务的职责相分离，对现金的账实情况进行日常监督和专项监督，查看库存的现金有无超出限额，有无挪用、贪污情况，保管措施如何；

（4）出纳与获取对账单职责相分离；

（5）监督出纳移交工作的整个过程，看移交清单是否完整，对于遗留问题应限期查明，不留后遗症。

2.（1）存在问题。

a.严禁一人保管支付款项所需的全部印鉴。建议：丁公司应当加强银行预留印鉴的管理。如财务专用章可由财务经理保管，办理相关业务中使用的个人名章可由出纳员保管。

b.出纳员对现金应当日清月结。建议：出纳应当每日进行库存现金的盘点，做到账实相符，日清月结；每月末会计主管指定出纳员以外的人员对现金进行盘点，编制库存现金盘点表；会计主管复核库存现金盘点表。

c.出纳员不得同时从事银行对账单的获取、银行存款余额表的编制工作。建议：企业应当指定专门会计人员定期核对银行账户（每月至少一次），编制银行存款余额调节表。

d.不得坐支现金，特殊情况需坐支的，应事先报经开户银行审查批准，由开户银行核定坐支范围和限额。建议：出纳员要严格实行收支两条线。对于当日现金收入及时送存银行；加强现金库存限额的管理。

（2）存在问题。企业应当严格按照支付申请、支付审批、支付复核和办理支付的程序办理货币资金的支付；不得随意开具印章齐全的空白支票。建议：严格按照程序办理货币资金的支付；对于重要的货币资金支付业务，实行集体决策和审批；加强票据管理，专设登记簿进行记录，防止空白票据的遗失和被盗用，不得随意开具印章齐全的空白支票。

3.（1）盘点结果：

盘点日账面应存数=21 679.24+4 472.35-4 226.18=21 925.41（元）

盘点时实存数=19 226.06元

现金短款金额=21 925.41-19 226.06=2 699.35（元）（注：除白条借据2 560元抵库外，库存现金仍然短缺139.35元）

推算2023年12月31日库存现金实存额=19 226.06-82 600+82 750=19 376.06（元）

（2）该企业库存现金管理中存在下列主要问题：

① 白条借据抵库。出纳员擅自以白条方式借给3名员工现金，共计2 560元，抵充库存现金入账。

② 账款不符。盘点日止账面应存金额为21 925.41元，而实际库存现金金额为19 226.06元，除白条抵借外，仍然短款139.35元。

③ 银行核定该厂库存现金限额为10 000元，而实际库存现金超限额9 226.06元。

④ 出纳员工作拖拉，未及时登记库存现金日记账。

⑤ 收入销货款的转账支票未及时送存银行，已超过支票有效期，该笔货款（6 800元）将被对方开户银行拒付。

针对上述问题，提出审计意见如下：

① 白条抵库的现金2 560元，如果业务是真实合法的，督促补办手续及时入账；其他白条建议被审计单位尽快及时追缴相关款项。

② 对现金短缺139.35元，财务部门应进一步查明原因后按有关规定追究相关人员的责任，并作出处理。

③ 今后应坚持按银行核定限额存放库存现金。

④ 教育出纳员今后应坚持做到及时登账，日清月结。

⑤ 应及时与购货单位联系，收回6 800元的销货款。

4.（1）不恰当。应当以银行对账单余额1 585 000元为银行询证函上填列的2023年12月31日银行存款余额。

（2）不恰当。注册会计师还应当对与金融机构往来相关的其他重要信息实施函证程序，而不是仅包括银行存款和银行借款。

（3）不恰当。该条款属于对回函可靠性产生影响的限制性条款。如果限制条款使注册会计师将回函作为审计证据的可靠程度受到了限制，则注册会计师可能需要执行额外的或替代的审计程序。

5.（1）不恰当。注册会计师田园未对银行对账单获取过程保持控制，应当全程关注银行对账单的打印过程。

（2）不恰当。应当追查至销售业务流程的有关记录，如发运凭证、装运凭证、销售发票存根（销售退回的）以及退回产成品验收入库凭证。

（3）不恰当。应当对银行存款账户（包括零余额账户和在本期内注销的账户）实施函证程序，除非有充分证据表明某一银行存款对财务报表不重要且与之相关的重大错报风险很低。

（4）不恰当。不能仅根据Z公司管理层的解释和提供了的收款回单，而不实施其他审计程序。注册会计师田园还应实施其他审计程序，如亲自到银行进行核实等。

（5）不恰当。该限制条款影响了回函的可靠性，应当实施其他审计程序核实。

（6）恰当。

6.（1）不恰当。刘莉注册会计师没有对零余额和在本期内注销的账户实施函证，也未评估这些账户是否对财务报表不重要且与之相关的重大错报风险很低。

（2）不恰当。刘莉注册会计师没有评估回函可靠性。银行业务专员当场办理回函，未实施适当的核对程序和处理流程。

六、编制工作底稿题

1.

表 12-2（答案）   货币资金审定表

被审计单位：福源公司   索引号：ZA1

项　　　目：货币资金审定表   财务报表截止日/期间：2023 年 12 月 31 日

编　　　制：李军   复　核：张梅

日　　　期：2024 年 1 月 20 日   日　　　期：2024 年 1 月 21 日

项目名称	本期未审数	账项调整		重分类调整		本期审定数	上期审定数（略）
		借方	贷方	借方	贷方		
库存现金	2 265.86					2 265.86	
银行存款	4 263 500.00	30 000.00	50 000.00			4 243 500.00	
其他货币资金							
合计	4 265 765.86	30 000.00	50 000.00			4 245 765.86	

审计说明：

（略）

审计结论：

报表数经调整后可以确认。

2.

表 12-4（答案）   银行存款明细表

被审计单位：福源公司   索引号：ZA3

项　　　目：银行存款明细表   财务报表截止日/期间：2023 年 12 月 31 日

编　　　制：李军   复　核：张梅

日　　　期：2024 年 1 月 17 日   日　　　期：2024 年 1 月 18 日

开户行	账号	是否系质押、冻结等对变现有限制或存在境外的款项	银行存款日记账余额（原币）	银行已收，企业未入账金额	银行已付，企业未入账金额	调整后银行存款日记账余额	银行对账单余额（原币）	企业已收，银行未入账金额	企业已付，银行未入账金额	调整后银行对账单余额	调整后是否相符
			①	②	③	④=①+②-③	⑤	⑥	⑦	⑧=⑤+⑥-⑦	
工行解放路支行	213400×	否	2 487 975.68			2 487 975.68	2 487 975.68			2 487 975.68	是
建行和平路支行	340020×	否	4 549 246.87			4 549 246.87	4 549 246.87			4 549 246.87	是
中行江南路支行	610181×	否	3 652 974.05			3 652 974.05	3 652 974.05			3 652 974.05	是
合计			10 690 196.60			10 690 196.60	10 690 196.60			10 690 196.60	

编制说明：略

3.

表 12-6（答案）　　　　　　　　　货币资金收支检查情况表

被审计单位：福源公司　　　　　　　　　　　索引号：ZA7

项　　目：货币资金收支检查情况表　　　财务报表截止日/期间：2023 年 12 月 31 日

编　　制：李军　　　　　　　　　　　　复核：张梅

日　　期：2024 年 1 月 15 日　　　　　　日　期：2024 年 1 月 16 日

记账日期	凭证字号	业务内容	对应科目	金额（元）	核对内容（用"√"或"×"表示）				备注
					①	②	③	④	
3 月 1 日	银收 0586#	收货款	应收账款	126 368.60	√	√	√	√	
5 月 8 日	银付 1360#	付电费	其他应付款	64 358.50	√	√	√	√	
7 月 16 日	银收 0986#	收工行利息	财务费用	15 863.45	√	√	√	√	

核对内容说明：①原始凭证是否齐全；②记账凭证与原始凭证是否相符；③账务处理是否正确；④是否记录于恰当的会计期间。

对不符事项的处理：无。

审计说明：

（略）

4.编制的银行询证函如下：

银 行 询 证 函

索引号：ZA6

编号：001

工行解放路支行：

本公司聘请的晋审会计师事务所正在对本公司 2023 年度财务报表进行审计，按照中国注册会计师审计准则的要求，应当询证本公司与贵行相关的信息。下列信息出自本公司记录，如与贵行记录相符，请在本函下端"信息证明无误"处签章证明；如有不符，请在"信息不符"处明不符项目及具体内容；如存在与本公司有关的未列入本函的其他重要信息，也请在"信息不符"处列出其详细资料。回函请直接寄至晋审会计师事务所。

回函地址：略

邮编：略　　电话：略　　传真：略　　联系人：李军

截至 2023 年 12 月 31 日，本公司与贵行相关的信息列示如下：

1.银行存款　　　　　　　　　　　　　　　　　　　　　　　　　　　单位：元

账户名称	银行账号	币种	利率	账户类型	余额	起止日期	是否被抵押、用于担保或存在其他使用限制	备注
福源公司	213400×	人民币			2 487 975.68		否	

除上述列示的银行存款外，本公司并无在贵行的其他存款。

注："起止日期"一栏仅适用于定期存款，如为活期或保证金存款。可只填活期或保证金字样，"账

户类型"列明账户性质，如基本户、一般户。

2.银行借款

......

（福源公司盖章）

2024 年 1 月 13 日

························以下仅供被询证银行使用························

结论：

1.信息证明无误。
（银行盖章）
经办人：　　　年　月　日

2.信息不符，请列明不符项目及具体内容。
（银行盖章）
经办人：　　　年　月　日

主要参考文献

［1］中国注册会计师协会. 2023年注册会计师全国统一考试辅导教材：审计［M］. 北京：中国财政经济出版社，2023.

［2］财政部. 中国注册会计师执业准则［M］. 北京：经济科学出版社，2022.

［3］中国注册会计师协会. 中国注册会计师执业准则应用指南［M］. 北京：中国财政经济出版社，2022.

［4］中国注册会计师协会. 财务报表审计工作底稿编制指南［M］. 北京：经济科学出版社，2010.

［5］财政部会计司. 企业内部控制规范讲解［M］. 北京：经济科学出版社，2010.